行者日誌

虚空蔵求聞持法

新装版

古梶英明
Kokaji Eimei

東方出版

序

本来から申せば、僧侶は発心によってなるのであります。

古梶英明師は発心の人と心得ておりました。師はお写経が縁になって、この大覚寺で髪をおろされたのであります。

その後、師は行の人になられたと見受けております。布教のため、師の精進は瞠目すべきものだと常々耳にしておりました。その師の行の一端がまとめられたのが本書と申せましょう。

「虚空蔵求聞持法」の行は大へんな行でありまして、宗祖より、先徳によって大切に守られたものであります。我宗の秘法ともいうべきものであります。

この行法がまとめられたのですから、本書は発心の行人が、本式の密教の世界を語ったものであります。また、なかなか世人には窺い知ることのできない行の世界を、まとめることが出来たのは、師の経験だけを語ったからでありましょう。紛《まが》い物の多い世の中で、正統なものを求める人のため、あえて小苾蒭《ひっすう》が筆をとった次第であります。

昭和五十九年極月吉日

嵯峨御所　大本山大覚寺門跡　味岡良戒

はしがき

真言密教が静かなブームをよびつつある。最近、密教に関する出版物もかなり見かけられるが、中には密教のもつ神秘性だけに目を向けて興味本意に書かれたものもあるようである。

例えば、九州の北の端にある私の郷里付近に於いても「即身成仏《そくしんじょうぶつ》」という言葉に対する関心が高い。また、各地の集会の話でも、「即身成仏」の演題になると集まりがよいらしい。しかし残念なことに、宗教家、またその道の専門家による講演ではなく、地元の郷土史等の研究家であったりする。「即身成仏」は弘法大師に『即身成仏《そくしんじょうぶつ》義《ぎ》』の著作があるように、真言密教の根本教理の一つで、密教そのものといってよい。そのようなことを理解していないためであろうか、即身成仏だといって、土の中に入り死を擬する行為をする。また、降霊術による霊界云々が密教だと、残念なことに解されている。

また、先般ある寺を訪ねたところ、参詣者の一人の方より、

「お坊さんは色々なことを易《うらな》ってくれますか。また見ることができますか」

と質問を受けた。その時、何と答えてよいかわからなかった。易者の方と僧侶との区別が理解されていないらしい。

こういった現状に接した時、非常に心が痛む。何とかして誤解をときたい。真言僧侶の立場を理解してもらう必要があると思うのである。一般の人々に正純密教の根本をなす教理が何であるのか、そのことによる密教の行とはどんなことか、延いては仏教とは何かを理解してもらえるように実証していければと思う。

今、ここに金岡秀友先生の言葉を借りるならば、
人の心の深淵に眼を開き、そこで成就される個と全との神秘的合一にはじめて確かな洞察を向け、それを全身的に把握する実践と、儀礼の体系をつくり上げた。

（『密教の哲学』平楽寺書店刊）

のが密教である。これは、かのお釈迦様の成道への追体験ではないか。お釈迦様は、単なる理論上の合理主義だけでなく、説かれたところのものに必ず体験があり、実践を含むものであった。お釈迦様が入滅されて後、仏教は理論的というか、教理経論が大いに発達して、実践を離れたらしい。この高度に発達した学問的仏教に、再度実践をとり入れたのが密教なのである。だから密教のもつ最も高次元の論理を忘れ、学問的方法をさけ、単なる自然主義、あるいは神秘主義のみをもって密教をみるほど危険なことはない。神秘的法力のみをもって、密教の究極と解するのは、密教を仏教とは見ていないということである。私は、密教こそ仏教の究極であると確信している。

密教とはもともと秘密仏教の略称であり、インドでは小乗・大乗に継ぐ金剛乗と称した。弘法大師も陀羅尼宗、曼荼羅宗等と最初は称されていた。それは他の仏教である顕教の諸宗派に対し、密教の際立った点を示す。密教も当然、仏教としての基本、三法印（諸行無常・諸法無我・涅槃寂静）にもとづいている。だから、涅槃を究極の理想とすることはいうまでもない。ただ、顕教と異なって、大日如来を中心に理論化した上で、三密（身密・口密・意密）加持をもって実践化するのである。

私はこの真言密教の秘法である「虚空蔵求聞持法」を修した。それは、伝法灌頂《でんぽうかんじょう》に入壇して、まもなくのことである。寺で生まれたのではない私がどうして僧侶になったのか、少し言葉を費やすことを許してほしい。

「何故、出家したのか」

といった質問をよく受けるからである。

たとえば、「駆け込み寺」という風習があり、これは江戸時代に始まる話しである。しかし今なおこのようなことがある如く思われている。人生に失敗した者が永い苦しみの後、僧や尼僧という出家の道を選ぶと。だから、私のように普通の生活から僧の道へ入るには、何かよほどのことがあったと思うらしい。確かに人並以上の転職を経験した。しかし、僧への道に入ったのは一つの因縁であったと思っている。

弘法大師が幼少の折、泥で仏像を造っては礼拝されていたという。そこまでではないが、凡人には凡人のものがあると思う。実は、私の信仰心も幼年期に芽ばえていたのではないだろうか。小さい時から祖母の背で念仏を聞き、日々、寺参りにつれて行かれた。そうして仏様を礼拝すること、一片の新聞紙にも紙を作る人の心、また印刷をする人の心と、それ等全てが仏の心であるとして大事にする習慣が、祖母の影響を受けて自然と身についたと思う。

しかし、それも小学校二年に迎えた終戦によって大きく変わった。現実の生活はきびしく、復員した父から受けたのはスパルタ式の教育であった。そのためか、高校卒業まで仏縁を自ら深めることはなかったのである。

大学進学の浪人中に、京都の友人を訪ね、彼の世話で下宿するようになった時、再び仏縁が深まった。

今なお、その家へよると、第二の生家に帰ったような安らぎを覚える。そこは大覚寺にほど近い広沢の池畔の藁葺《わらぶ》きの一軒屋で、「聴松亭《ちょうしょうてい》」という。古くは芭蕉のお茶処であったらしい。

大覚寺は写経の根本道場である。私はそこで『般若心経』の写経をおぼえ、毎日の日課にまでなった。その内、ただただ写経することにより、こうして生きていることが、ありがたいと思えて来たのである。

ところが受験の日が近づく頃になると、自分の努力は棚にあげて、入学を祈念する写経の毎日になってしまった。その年何とか進学は出来たけれど、応援団に入ったりして、また、仏縁から離れていったのである。卒業してからも、もう一歩のところで挫折したというか、職を変えることが多く、やがて生家に帰ったが、そこでも結局挫折してしまった。私は再び写経に明け暮れることになり、百巻ほど書きあげると大覚寺へ参詣するようになったのである。その内、大覚寺の人より、出家を勧められた。これが出家の動機である。

多くの人は、何か一つの大きなきっかけがあって僧になると思うかもしれない。しかし一つのきっかけで僧になることが出来れば、誰でもすぐ頭を丸める。しかし皆はそうしない。私もここまで来るには、種々の要因が重なり合って始めてこの道に到ったのである。

弘法大師の『即身成仏義』の言葉に、

重々帝網なるを即身と名づく

とあるのがそれであろう。重々帝網とは、現象界の事象はすべて重なり合っていることで、縁と縁とが重なり合っていることを説かれたのである。それを〈身に即して〉と説明された。

私の場合、『般若心経』の写経が直接的な縁になったが、それまでに幾度かの節目というか仏縁があって、出家、加行《けぎょう》、灌頂《かんじょう》入壇へと、今日へたどり着けたと思う。

私は僧侶になってから、一つの実践として、自然の真理を深求するに最も適した修法として、五十日間にわたる虚空蔵求聞持法を修した。その間に感じたことを残して、記録にしたものがある。もしこの記録によって、始めに書いた一般の方の誤解をとく一助となり、また、これから密教の勉強をされる初心者の参考になればと思い、友人のすすめもあって、まとめてみることにした。

しかし、私自身、これ等を学問的に書いたわけではない。またそういったことは不得意だと告白する。だから、その道の大徳の方々にはおしかりを受けるかもしれない。ただ、くり返すようだが、一般の方や、初心者のために参考になればと思いまとめたものなので許してほしい。

ありのままの日誌として見て頂き、少しでも密教の認識を深めて、真言僧侶が日々何を考えているのかをくみ取って頂きたいのである。そして、もし今後の生活の中に少しでも役立つことがあれば、それは望外の幸である。

於桔梗山三明院

著者記す

目次

挿画　兼島聖司

悉曇飛鷹悟

求聞持法とは

明 星 天 子 像

求聞持法とは

〈求聞持法《ぐもんじほう》〉という言葉を耳にするのは初めて、と思われる方も多いことであろう。簡単に求聞持法の説明をしておきたい。

そもそも「求聞持」の聞持という意味はダラニということであって、どういったダラニかといえば、それは憶持《おくじ》のダラニであると学者は説明している。憶持とはどういうことかというと、弘法大師の『三教指帰《さんごうしいき》』などに、

もし経軌にしたがって虚空蔵《こくうぞう》菩薩《ぼさつ》の真言を百万遍誦せば、一切の教法の言葉やその意味を暗記して忘れることのない

法だと説明されている。

すなわち、求聞持法とは、虚空蔵菩薩を本尊として礼拝する修法である。

誤解を恐れずにいえば、百日間あるいは五十日間で百万遍の虚空蔵菩薩の

真言を唱えるというもの。密教の修法の内、聡明をもとめる秘法のことをいう。正しくは『虚空蔵《こくうぞう》菩薩《ぼさつ》能満《のうまん》諸願《しょがん》最勝心《さいしょうしん》陀羅尼《だらに》求聞持法《ぐもんじほう》』と称する経典に次第が記されてある。それは、善無畏三蔵《ぜんむいさんぞう》（六三七ー七三五、真言宗伝持八祖の第五祖、大日経《だいにちきょう》系）の訳として伝来された。

虚空蔵菩薩といえば「十三まいりの虚空蔵さん」で親しまれ、また、法事等の三十三回忌の仏様として拝まれていることでもよく知られている。また日蓮聖人を始め、日本の高僧の多くは、この仏様に祈り、知恵をさずかったとして有名である。

この「虚空（アーカーシャ＝大空《おおぞら》）」は、広大、清浄等の意味が含まれると伝えられ、「蔵（ガルバ）」がついて、虚空の如く広大で、一切をつつみ、一切を産出する菩薩、アーカーシャガルバといわれている。虚空孕《こくうよう》菩薩《ぼさつ》という訳名があたえられることもある。『密教辞典』（法蔵館刊）によると、この菩薩の徳を、

宇宙の総てのものを含蔵し、無量の福徳・知恵を具え、常に衆生に与えて諸願を成就させる

ものだという。これも名前から来たものであろう。密教の行者はまず、

𑖝𑖿𑖨𑖯𑖾字変じて如意宝珠となる、変じて虚空蔵菩薩となる

と観想する。種子《しゅじ》（悉曇《しったん》文字の一字で表わす尊の標《しるし》）を𑖝𑖿𑖨𑖯𑖾《タラク》で象徴され、三昧耶形（印や持物《じもつ》で、尊の内証《ないしょう》を表示したもの）が如意宝珠であるのは、宝生如来と同じ。これは、金剛界の部主がこの菩薩であることを示す。諸々の願いを満たすのは菩提心《ぼだいしん》からだという理由で、施願の相だという。だから、

首《こうべ》に五仏の宝冠を着す、右手は施願にして左手には如意宝珠を持す

とその姿を深く思い、観想をするのである。

このような本尊の象徴されるものや、観想する姿に、密教の深い教えを学ばねばならない。それが悉地《しっち》成就《じょうじゅ》の第一歩である。

悉地とはインド語、シッディの音写である。意味を成就という。先徳が

わかりやすく説明するために悉地成就と重ねて表現した。密教によって三《さん》密《みっ》加《か》持《じ》が相応して得られたものを悉地といい、それを得ることを成就とわけて解いたものである。

当然、悉地成就によって得られる霊験や、神秘的な奇瑞もあるだろうがそのことを目的としたり、そのことのみで悉地成就といわないことは、明らかである。そこには本尊の境界や、慈悲の目的が、体得されなければならない。それを修法の悉地の証しという。仏の心がつらぬかれている、ということが肝要といい直してよい。だから、自己満足のために法を修してはならないと戒められている。

三密加持とは、身口意《しんくい》という三業《さんごう》に仏の三密が相応することである。もう少し言葉を補えば、身密（手に印を結び）口密（真言陀羅尼を誦し）意密（仏の境界を観想する）の所作をもって、仏の三摩地《さんまじ》に至るという。三摩地とは三昧ともいい、弘法大師は『三昧耶戒序』で

三摩地は五部秘観、三密の妙行

と説く。つまり、仏の悟りの内容をも三摩地といい、禅定《ぜんじょう》の終局の境界である。それ故に大師は『即身成仏義』で、

もし真言行人あって、此の義を観察し、手に印契を作し、口に真言を誦し、心、三摩地に住すれば、三密相応して加持するが故に、早く大悉地を得

と示された。

さて、虚空蔵菩薩の意密の一部は前に書いた。つぎに口密であるが、尊名を呼びかける真言

ノウボウ、アキャシャギャラバヤ、オンアリキャマリボリ、ソワカ

というのがそうである。この真言を百万遍誦する行を〈虚空蔵求聞持法〉という。

このために、本尊の虚空蔵菩薩を「楓《かえで》」の直経一尺六寸の月輪《がちりん》形の板

に画く。それを西向きに掛け、行者は東向きに坐して行うというものである。

この方法を示す次第に、二種あるという。つまり弘法大師が入唐《にっとう》前に授かった方法と、入唐して恵果和尚《けいかわじょう》より授かった方法である。私が修した方法は、第二の恵果和尚より伝承された行法次第によるものであった。

道場は、東・南・西の三方が開かれたところが最勝《さいしょう》だという。伽藍《がらん》の位置等の関係でそうはいかない時でも、東方だけは開かなくてはならない。東方の壁に小さな窓（客船等の丸窓のようなもの）を造る。これは、明星の光を道場に迎えるためで、行者もこの方へ向く。

本尊の虚空蔵菩薩は前に記したとおりであるが、常は薄布をもって覆面をしてある。登壇して修法中のみ、取ることが許される。この薄布の取りはずしの所作中も、決して本尊に触れてはならない。

もう少し言葉を添えるならば、行中は掃除をしないことになっている。

ただし、六器等の仏具やその回りは七日に一度ぐらいは許され、あまり線香の灰が散乱しないようにする。支具も若干異なり、通常の修法の「しきびの葉」に対し「かやの葉」を用いる。

また、少し専門的になるが、他の密教の修法のように、幾種類もの印や真言を用いない。本尊の一印一明《いちいんいちみよう》をもって、すべての作法を修することになっている。ただ、先徳、阿闍梨の口伝や、言い伝えによると、秘印明があるという。覚鑁上人《かくばんしようにん》が七度、この求聞持法を修したけれど境地にいたらず、八度目に成就した時、修したという秘印明等がそれである。大師相伝の次第によったので、私は一印一明であった。

この法をいつ始めたらよいかということであるが、これも他の修法のようには始める日の善悪を問わない。しかし、結願、終了する日には定めがある。日・月蝕のある日に終るようにしなければならない。百座、百万遍という基本があるため、修法に要する日数を自ら決めると、自然に始まる日も決まるというものである。

弘法大師はこの〈虚空蔵求聞持法〉を修することで、密教の糸口をつかまれたと思われる。入唐以前、十八歳ぐらいの時、阿波の大龍獄《たいりようのたけ》や土佐の室戸崎《むろとのさき》で、ひとりの沙門からこの法を授けられて修したといわれる。その時、

谷響《たにひびき》を惜《お》しまず、明星来影《みようじようらいえい》す

と『三教指帰《さんごうしいき》』の序文に大師が書き残しておられる。谷から山彦が返ってくるように、明星がひときわ輝き、虚空蔵菩薩の来臨影向《ようごう》を感得された、というものである。

この後、『大日経《だいにちきよう》』を大和の久米寺で感得したという伝記のほか、『三教指帰』の原本ともいうべき、『聾瞽指帰《ろうこしいき》』を著わした二十三・四歳まで記録はなく、大師の足跡は不明である。しかし、恐らくこの密教への糸口をつかまれてから、より一層、この法を深く修したに違いない。それが密

教の根本経典『大日経』の感得へと大師を導いたはず。

どうも〈求聞持法〉とはそういうものらしい。学者の説によると、『虚《こ》空蔵《くうぞう》菩薩《ぼさつ》所問経《しょもんぎょう》』（不空訳）には、虚空蔵菩薩こそがダラニの第一人者であるという。どんなダラニかといえば、前に記したように聞持のダラニである。それ故に、日蓮聖人などの顕教の高僧が虚空蔵菩薩に智慧の増大をただ祈って効験を得ても、〈求聞持法〉のようにダラニの修法をしない限り、虚空蔵菩薩の境地である三摩地には至らないであろう。だから、悉地成就という密教世界へ、踏みこむ情熱もまた、生まれないと思う。学者の説明も、虚空蔵菩薩の徳、文字通りその尊名に示される功徳を指し示していると理解してよい。

弘法大師が証《あか》された〈求聞持法〉に思いが到った時、私はそう確信した。

私の密教の法を証したいという思いも、そういう実践を〈求聞持法〉に求めたのも、実は大師が即身に証された慈悲に思いが到ったからである。

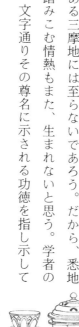

私にとって〈虚空蔵求聞持法〉とは、大師の証された法そのものなのである。大師のみ教えに従ってゆくべき、私のひかれてやまない法だから、凡夫の身でやってみようと決心した。

この身に即して大師のみ教えに到ることのできる法と信じ〈虚空蔵求聞持法〉を修したのである。

行者日誌

虚空蔵菩薩像

五月三十日（雨のちくもり）

求聞持法の入行をあと二日後にひかえて、昨夜より宮島の大聖院《だいしょういん》本坊の宿坊に泊まり、行法の手順を教授願うため準備をする。準備するといっても、道具の準備ではない。心の準備である。書き写した次第《しだい》（手順教本）をくり返し、くり返し目を通しながら、試験にのぞむ学生のように予習をする。自分の納得するところまで読み返す。そうすることで少しは心も安らぐのである。

やはり緊張しているのだ。

何に緊張しているのか、今日のお授けだろうか。いや、やはり二日後に始まる求聞持法の五十日間の行が、はたして自分にできるであろうかという不安である。途中で山を降りるようなことは絶対できない。また、無事に成満したとしても、肉体的なことも気になる。

話に聞けば、半身不髄になった人、また、分裂症を起こしてもとに回復しない人がいたという。私はどうだろうか。このままの身体で山を降りることができるであろうか、と思ってしまう。

今日お授けを受けることとは、同時に明後日（六月一日）より始まる行に入ってゆくことなのだ。実質的な入行と考えてよい。

これは他人から強制されてやる行ではない。また、資格を得るための行でもない。やり遂げたからといって資格など何もない。ただ、自分が未知の仏の世界に惹《ひ》かれて飛びこむ修行なのである。とすれば何が気になるのだ、自ら求めた行ならば楽しくなければならない。楽しさがいっぱいで、希望に燃えて入らなければならない行が、心配のため緊張するのである。

これらの不安をのぞくためには、充分次第を記憶しておくことが大切だと思う。

きのう、食料や衣類を求聞持堂のある弥山《みせん》の本堂に運びあげた。弥山へは、弥山山

麓の大聖院よりロープウェイを使っても一時間はかかる山路である。今回、私は五穀を断って、蕎麦《そば》粉だけの行に挑んだ。しかし、いかに蕎麦粉だけの食料といっても一度に多くは運べない。ひとかかえの蕎麦粉を背負い、両手には衣類などをさげて、雨の降る山路を登って行く。途中、サルの大群が荷物めがけて走り寄る。それらを振り払いながら、弥山へと登った。

今日は身心ともに緊張した朝を迎え、朝食を寺の皆さんとご一緒させて頂く。ここには何人もの助法僧の方がおられる。

大聖院は、明治の廃仏毀釈《はいぶつきしゃく》まで十二坊の末寺を有していたという。厳島《いつくしま》神社の別当職として、すべての祭祀を司った厳島の総本坊であった。もともと厳島神社は一地方の小さな神社であったが、「平家納経」などで知られるように、平家一門の崇敬によって、氏神であった平野神社をさしおいて、平家一門の守護神の第一になったという。当時の規模は、石清水《いわしみず》や春日《かすが》の大社と肩をならべ、熊野に次ぐ名社であったとも伝えられる。

平家滅後も、源・毛利・豊臣など有力武将の庇護を受け、水の仏神である弁才天の社として民間の信仰は深い。

こうして神仏習合の一大道場、厳島本坊大聖院は鳥羽天皇（一一〇三～五六）の勅願として建立以来、歴代の皇室と因縁深く、京都御室仁和寺《おむろにんなじ》に対して西の御室《おむろ》と称された。脇門跡の称号もそのあたりを語っている。

八時より、いよいよ大聖院の大師堂において吉田裕信大阿闍梨より〈求聞持法〉のお授けをたまわる。

大師堂はまた、遍照窟《へんじょうくつ》ともいい十五メートル四方の洞窟である。石段を登った小高いところに位置していて、中に金胎両部《こんたいりょうぶ》の大日如来が安置されている。脇仏として十三仏などが祀られて、天井には千を数える灯籠が下がり、一種眩《まばゆ》いばかりである。私はゆっくり石段を登って、阿闍梨の前へと堂内に入った。

阿闍梨の言葉は仏の言葉だ、仏よりお授けをありがたく伝授される。そうだ、密教の相承とは大日如来と金剛薩埵《こんごうさった》という、授ける者と授かる者という関係、つまり仏と仏弟子の関係しかないのだ、と思いだす。

密教における三密加持を修するため、身（身印）口（真言）意（観想）の伝授《でんじゅ》が最も大事な内容である。

これら行法のいちいちについて教授を受けることを伝授、つまりお授けという。真言密教の僧侶となるには、まず基本的な法を伝授され、これを百カ日のあいだ修行して、会得する。四度加行《しどけぎょう》というのがこれである。

私も加行は了った者だ。加行成満者として阿闍梨の言葉を聞こう。

初めて阿闍梨と眼が合った時、その静かな眼は三昧に住される仏の眼《まなこ》であると思った。私は、お授けを施す阿闍梨として、また宗門教師としての手本を見たように思う。いま自分自身をふり返った時、同じ阿闍梨として、教師としてお授けを施すとき、ここまでその仏の三昧に入ることができるであろうか、ただ教えれば良いというだけにとどまるのではなかろうか、と考えさせられる。

次第の内容、印明がどうだということより、この一時《いっとき》の生きた仏の眼に私はしっかりと抱きとめられ、一段と身がひきしまった。

こうして有難いお授けを頂き、会い難き師と法を得て、雨のあがった山路を弥山本堂に向かって、私は登った。

五月三十一日（くもり）

宮島には海辺に、かの有名な海中の大鳥居、厳島神社があり、その昔神社の別当であった大聖院を配して、頂上に、弘法大師空海によって開かれた弥山がある。

と、パンフレットなどに説明される弥山の名の由来は、中国の須弥山《しゅみせん》に似ているからだという。

本来なら大聖院より山路を登って行くのがよいのだろうが、雨のため昨日、私はロープウェイを利用して登山した。

ロープウェイは「紅葉谷《もみじだに》」より出発し、中ほどの「榧《かや》の谷」駅で乗り替え、さらに上がる。「獅子岩《ししいわ》」駅でロープウェイを降りてから、山路を三十分ほど上り下りして弥山に着く。

出迎えた山本隆教院代（弥山の伽藍を守って二十数年この山中に籠っておられる）に山上の案内をしてもらう。

ここには虚空蔵菩薩を本尊とする、大きな本堂がある。この本堂の奥が、求聞持道場となっている。阿波の大龍嶽《たいりょうのだけ》、土佐の室戸崎《むろとのさき》と共に日本三道場の一つとして数えられる秘密練行場である。

五月三十一日

本堂を中心に前には弘法大師修行当時から、千二百年来、綿めんとともしつづけてきた「消えずの火」のある不動堂（霊火堂ともいう）があり、その左手に、大師が立てかけた錫杖《しゃくじょう》に根がはえたという梅の老木が、やや右手上には全国の天狗の総元締めともいう三鬼大権現を祀る「三鬼堂」が建っている。三鬼大権現はまた弥山の鎮守で主神を魔羅鬼神という。参拝することで得られる霊得は、偉大で信者は多い。

不動堂の左手少し離れて、見あげる石段を登り切ったところに大日堂がある。金胎両部の大日如来と、弘法大師の御作と伝えられる坐像不動明王を祀る。この大日堂の裏からも道があるが、普通は三鬼堂の右の道を通って鐘楼、文殊堂、毘沙門堂と不動岩など堂を回って頂上の岩場を参拝する人が多い。

岩場には、船岩、念仏岩などとともに、満潮の時はあふれ、干潮の時は乾く不思議な穴のある干満岩があり、いかにも岩行場特有の神秘的な気配が満ちている。

この弥山の山上全体が一大伽藍の様をなしており、ここよりの眺めは遠く四国、九州の連山、中国山脈の連峰が見渡すことができる。また、内海の大小の島々が浮かぶ大自然の風光は言語に絶すといわれ、日本三景、天下の名勝といわれる真価はこの弥山に登って知るところとなる。

これより修法のため籠る求聞持堂は、本堂の裏手、六帖程の広さである。その中に、畳二枚程度の薄暗い二つの行道場が仕切られている。

ここが、千二百年の伝統をもつ弥山求聞持道場。明日より七月二十一日までの五十日間、五穀を断って籠る道場である。求聞持の行者は私一人なので、北側の奥の方の道場を使用することとなった。

すでに前行として、食事は米類を避け、一日一食の菜食で過ごして来た。精神的負担となるようなことを整理してきた。

と、自分にいい聞かせながら、院代さんについて、行法中に必要な行動をさらえてみる。まず部屋を出て、本堂の東側の廊下を通って庫裏にある沐浴場へ。本堂の前を通り「獅子岩」駅の方へ少しもどって閼伽井《あかい》へ行き、作法の注意点などを聞く。

いよいよ明日より。

六月一日（くもり）

開白に先駆け西国二十三番札所の御詠歌を想う。

重くとも罪には法《のり》の勝尾寺
　仏をたのむ身こそ安けれ

もはやこの身は仏にあずけた。仏の意のまま、ただただ一心に仏を念じてゆこう。

行者は、二時起床。沐浴、閼伽水を汲みあげ供える。

沐浴とは、冷水をかぶり身心を禊《みそ》ぐのである。毎日、深夜に始まる行の第一歩である。

閼伽水汲みとは、仏前に供える清水を、普通は丑寅《うしとら》の刻（午前三時）に汲んでくるのである。何処の行場も閼伽井という井戸があり、それぞれに由緒がある。ここの閼伽井は弘法大師が開かれたもので、すでに千二百年間守りつづけられて来た。

今日は一日《ついたち》、毎月一日の寅の刻より始まる三鬼堂の祈禱会に参拝させていただく。多くの参詣者が、この真夜中の山路を登って参拝する。

三鬼堂の祈禱会に参拝後、しらじらと明けゆく山路を一谷越えて、となりの山にある「奥の院」の弘法大師の霊前に、百萬遍念誦、求聞持法の悉地成就を祈念する。

奥の院より帰って朝食を軽く済ませて、作壇準備にかかる。

十時、山本院代を導師として作壇作法が厳修された。私は外道場の板張りに正座して、院代さんの行ずる作壇作法と意を同じくして、本尊の真言を唱え続ける。ただただ願うことは、五十日間にわたる求聞持法の悉地成就のみである。

こうして、道場は虚空蔵菩薩を本尊とする厳粛な求聞持道場となった。

作壇作法の後、初夜の行の入壇準備をしていても、この道場内に諸仏が遍満し、この身すでに仏のものなりと思えば身も心もひきしまる。

午後一時、入堂する。

開白《かいびゃく》である。

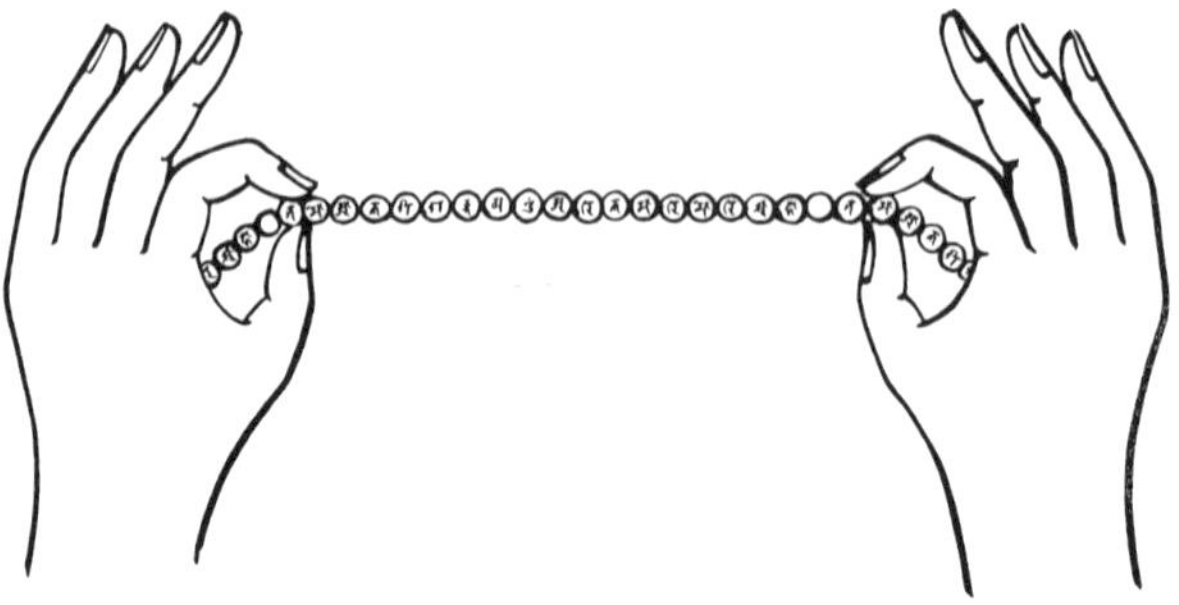

表白文を唱え、ここに五十日間の行は開始された。外道場に於て身を清め、ただただ本尊の三昧に入るべく、印、明、想を大切に行ずる。印と明は次第通り、わりとスムーズに進むが、観想は文字を追うだけで、今一歩深くその三昧に入れない。何となく試験的行法のようである。少々残念。

「次第書」を繰り返し読んで予習はしていたものの、いざ本番となって、霊気あふれる道場で、眼前に本尊を拝しての実践は、やはり、勝手が違う。

今日より、三時の行法をする。三時の行法とは、一日を三回に分けて、初夜《しょや》（午後）後夜《ごや》（夜中）日中《にっちゅう》（午前）の三座の行法のことである。

この行法は初夜をもって始まるので、結局五十一日間にわたることになる。七月二十一日の午前八時ごろの日蝕の時、丁度百萬遍が成就できることを希《ねが》う。

六月二日（くもり後小雨）

後夜の行、日中の行は睡魔のため、予定の念誦進まず悩む。昨夜は入行初日で、かなり興奮していたのか眠れなかった。今後、毎日の睡眠時間が三・四時間程度となるだろう。このことを頭において、行動しなければならない。そうしなければ行法に大きく影響するのである。

前行者、加藤師に聞いた話では、夜眠れなくて翌日の行法にさしつかえることが多々あるので、途中より食事の二食を昼と夜に切替えて修行したそうである。しかし、私には、それはできない。

仏祖、釈尊の時代より、午後に食事をしてはならないという律があるのだから、食事は正午までにすませなければならない。私は行法に入ったなら、得度を受けた仏弟子として律は守ろうと思う。

最もこの求聞持法は個人による自行だから色々な取り決めも、その行者なりに決めていくことも可能ではある。

私も私なりに、この行に臨む心構えとして、色々な制約を取り決めている。それがまず仏弟子たらんとする心構えである。

六月三日（雨のち晴）

後夜の行法、明け方の行法はさわやかである。気力が満ちてくるように思う。

仏の世界に入るというか、観想を深くしようとすればする程、雑念が浮かんでくる。

世間の雑念とは、普通にいう現世利益のことである。ただ、現世利益といっても、自分自身のことではない。有縁の方々の問題が浮かんできて、いかに解決したらよいかと考えてしまうのである。

先ず信仰をもっての精神の修行という。次第の中で「観想」という部分が一番大切なもののように思う。観想が充分に行じられれば、思うように本尊の三昧に入ることができるに違いない。そのためには体調が第一である。食事、睡眠、呼吸、姿勢、そうして特に大事なことは威儀である。

以上、常の立ち居振舞を大事にしながら、次第の如く修行しよう。

六月三日

日中行法の後、三十分ばかりのんびりと日光浴をした。入行以来初めての外の空気は非常に旨い。籠って聞く鳥の声より、外の声は一段と冴えているように思う。大蟻が走り回るのがとても可愛い。室内の砂糖にへばり着く蟻より健康的な気がする。

再び部屋へ戻り、部室に注意文を書いて張る。

明、分明にして、急がず、懈怠なく修すべし、想念を以て本尊の三昧に入るべし行中、この文を思い出し注意して行うようにしよう。また昼間ゆえ、外部との遮断のため声も少々発する。自分の心の中に思いを沈める。正念誦が終って眼を閉じて、静かに本尊と入《にゅう》我《が》我《が》入《にゅう》を試みる。

今までにない充実感を味わったように思う。毎座がかくの如くであればいい。そう願う。

夜になってどうしたことか歯の痛みがひどい。首すじのこりも痛みを感じて、十一時まで眠れない。痛み止まらず、いろいろ考える。断食でもして身の垢を除かねば、とも思う。

今まで年に一、二回の断食により体質を変えた。しかし少々体も弱っているので、そのことは気になる。

六月四日（晴）

後夜行法、一時間遅れ。目をさますのが遅かった。昨夜からつづいている歯痛、そして肩の痛み、たまらない。数珠を慴《す》るにも力はいらず、四千遍までどうにか唱えることができた。しかし、頭痛も激しくやむなく降壇する。

少々のことでは薬は飲まないと決めていたが、この様に行法にさしつかえてはと思い、風邪薬を飲んで横になる。

日中行法も変わらず歯痛、頭痛、肩こりの痛みが激しくなるばかり、途中で降壇。再び薬を飲む。腹に何も入ってない所に、激薬ばかり入れるので腹がたまらない。

昼前に蕎麦菓子を作って食す。お茶がわりに温泉の粉末を湯に溶かして飲む。この温泉は胃薬のかわりになるという。少し持って来た。

入行にあたって、精神的な心配は何もないようにしてきたものの、肉体的な疲労はどうにもならない。もっと体の調整を慎重にすればよかった。

初夜の行、相変わらず歯痛、頭痛、肩痛と三つ巴《どもえ》の痛みである。これも本尊の思《おぼ》し召しか。因果応報かと一心に本尊に祈念する。

我が身、本尊の真体となって、身体の弱い所を本尊の利剣によって修行する痛みだ。

本尊の仏果なり。

有難く、よくよく精進しよう。

と念ずる。

六月五日（晴）

昨日は初夜の行が終るとすぐ床に着いたためか十二時前に眼がさめたので、遅れている写経を二巻終らせて、一時に沐浴、閼伽水、後夜の行のため入堂。

行者たるものいかなる時も三業を浄め、四儀を調《ととの》えるべし。

予定通り行法に入る。

正念誦、三百遍までくると、痛みが急に強くなって体がしびれてきた。念珠が指をすべって落ちてしまう。何度かやりなおしながら千遍を数えた。ここで降壇する。本尊に願い、後供養作法にすぐ入り、床に伏してしまう。午前四時。涙がポロポロと流れた。

六月五日

タオルをぬらし、患部を冷やす。痛みはひどくなり、涙が鼻からも流れ出し、口に入る。

ただ単に時間をつぶすためにここに来たのではない。今ここに大きな悲願をかけているのだ。一座の行法の懈怠《けたい》は五日間の損失だという。

修証義《しゅしょうぎ》にある「生を諦め死を明らむるは、仏家一大事の因縁なり」、という言葉が浮かんだ。

日中の行法も、歯痛、頭痛をおしてのムリムリ行法であった。歯痛のため口が腫れあがってしまった。室で独り横になっていると、気が滅入ってしまう。居ても立ってもおられない状態とはこういうことなのか。

六月六日（晴）

午前0時起床、顔中が腫れあがっている。一時半ごろまで冷やす。あまり変わらない。これ以上遅らせてはならないと決心して入堂する。千遍まで数え、やはり我慢できず中止する。薬を飲み落ち着くまで休憩。三時半再入堂。

五千遍まで数える。薬のためか頭に靄《もや》がかかったようで思考する力がない。朝の勤行は夢の中にいるようで、いつの間にか終っているのに気がつくというような状態だ。ふらふらしながら堂を出る。

六月六日

日中の行法も、十時半ごろ降壇してしまう。

今日は依頼してある食糧補給の日である。

十二時過ぎに、妻と子が戦後の買い出しのような格好をして現われた。歯が痛くて笑うどころではない。身内だから、何時間もかかる山路を荷を背負って来てくれるのだ。感謝以外のなにものもない。

やはり途中で野生のサルと格闘して来たという。帰りには一メートル位の棒を持たせた。サルを追うためである。

閼伽井まで送り、合掌して見送った。

堂にもどりすぐ初夜の行法に入るが、歯痛、頭痛、腫れは少しもおさまらない。

六月七日（晴）

今日は、少し調子がよくなったようだ。少し頭痛はするが歯痛は消えた。

閼伽水を汲みに出た時、天を仰ぐと満月が美しい。深山を照らす月光は、格別に澄み渡っている。

後夜の行法は、以前の遅れを取り戻すまではできなかった。腫れがひかず、念誦の時真言を唱えるのが不便だ。何かモゴモゴしているようで気持ちが悪い。

後で調べてみると、口内炎とわかった。多分ビタミンの不足を起こしているのだろう。野菜を取るとよいかもしれない。野菜は五穀ではないので食べようかとも思うが、蕎麦粉で通そうと思っている

ので、できるだけ頑張るつもりだ。

今日は入行して七日目。道場の清掃日である。これは無精者にはもってこいの行法で、毎日清掃しなくてよいのが有難い。壇上は成満までさわらないのが原則である。焼香壇だけは七日毎に清掃する。自分の身心も清めるように仏器もみがいた。

今日の初夜より、一日三座を二座の行法に替えて行ずることにした。

六月八日（晴）

腫れはひかないけれど、歯痛、頭痛は消えてきた。気分的に楽になり、昨夜はつい調子にのって遅くまで観想の勉強をしたため、また起床が遅れた。行法中、大変眠い。

初夜の行中、入我我入にはままならず、苦しんだ。本尊の三昧に入ろうとすればするほど雑念が浮かぶ。まるで本尊より見離されたようだ。多分私の問題だと思うが、空回りして、孤独の恐怖にとりつかれる。

一日、二座行とは、初夜（午後より夜まで）、後夜（夜中、午前0時より正午まで）のこと、である。一座に正念誦、一萬遍、一日二萬遍を誦することになる。

六月九日（晴）

再び口中の腫れ、痛みがひどくなった。なかなか念誦が進まない。

今日は大覚寺でもらった弘法大師に関する本を読む。大師は、よく求聞持法を行じて事を起こされたように私には思える。何か問題を解決する時でも必ず、一週間の念誦法を行じられたようである。大いに反省させられる。

六月十日（晴）

夜の自然はすばらしい。月光に照らされ、星のきらめく夜空をながめた時、大宇宙、自然の有難さを感じる。静かなこの自然の中に今、小鳥も眠っている。この時間、独り誦す真言陀羅尼は、必ずや能満諸願の霊験を起こすであろう。

これこそ、自然界と自分が一体となるにふさわしい時。本尊への入我我入こそ、即身成仏の原点だと思う。ところが、私は即身成仏にはほど遠く、まだまだ学び、修行しなければならないことを痛感する。

今、この自然は生きている。この大自然の中に、自分も生きている。自然と一体となり、自分自身が自然の中に、自然が自分の中で生きている、生かされているという喜び。これが入我我入である。

後夜の行法で、昨日の遅れを取り戻した。

縁側に毎日、母子づれの鹿が遊びにくる。蕎麦菓子の残りをやる。鹿への施しは何か気分を軽いものにしてくれる。

六月十一日（晴のち雨）

閼伽水汲みの時、月は少しくもっていた。暦の上では、今日が入梅。そろそろ雨になるかも。

このところ、二座行法となってからか、ゆとりがある。散歩する。しかし体がふらふらして気力がつづかない。

念誦用の数珠は、最も軽い榧《かや》で作ってある。しかしこの榧の数珠が、今日は大変重くてつらい。少しも重さを感じない時もあるのに、である。

今日はまだいつもの鹿が来ない。彼ら用に昼食分を少し多く作って待った。多分雨になるのであろう。野生動物は天候を予知する感覚が鋭い。少しくらいの雨でも、動物が動き始めると雨はあがってしまう。小鳥の鳴き声が止むと雨になる。そういうものである。

六月十一日

午後一時半入堂して間もなく雷が鳴り始めた。夕立の前ぶれである。思った通りだった。

三時ごろ中坐して戸締りをしていると、先日依頼した薬が届く。肩こりのはり薬もあるので早速使用して再入堂する。

山中の雷は恐ろしい。近くに落ちた時、地響きがして堂の壁がふるえる。

六月十二日（晴）

今日はさわやかな夜明け。昨夕の激しかった雨もあがり、月は上弦の顔を出している。生きとし生けるものを守るように輝き、小鳥が、夜明けをいっそうすがすがしくしている。

数珠をくりながら、残してきた世間の事柄がやたらに浮かぶ。一心に、五千遍を一気に誦した。その後、すぐ入る観念はよく入我我入できていたように思う。

私は、出世間念誦である絶対念誦を求めて修行している。それは、善無畏三蔵が

梵音これ一見の義也、心をしてこの境に任せしめ、一縁にして乱さざれば字字相《じじそう》応《おう》して、又句句《くく》も相応す。一縁不動にして取捨あることなし

と説くからである

誦する真言陀羅尼一字一句これ本尊との一縁なり、分明にして取捨あることなし

この句を注意文に併せて、常に注意することにした。
口中の腫れも薬のお蔭でかなり引き、熱もさがった。気分はずい分よくなった。
十日目ぶりに風呂に入った。垢がすごい。
今の目標
六月十五日の弘法大師降誕会には、三洛叉(三十萬遍)成就としたい。

六月十三日(雨)

後夜の行法、三時を回る。こんな日はよくない。行法の途中雑念、関係する寺院のことが頭を離れない。

僧たるもの寺院を私物化すべきではない。本来、僧伽《そうぎゃ》とは和合衆という意味である。

今、関連する寺院に思いが到った時、そのことが頭を離れず、今日もなかなか定《じょう》に入れない。

六月十四日（雨のち晴）

今日は第二週目に当たり、清掃する。焼香壇、六器みがきをする。よく供物を見ると、洗米にカビがきていた。

昨夜より下痢に悩まされる。登壇までに四回も通便した。行者は、通便毎に沐浴しなければならない。夏とはいえ、夜中に正規の沐浴もいれて五回も沐浴すれば身体によいわけはない。

しかし、洗米のカビに気がついた時、これだ、と思った。仏にカビのはえた洗米をお供えしていた、このことと関係があるに違いない、とそう思った。こんなことは、してはならない。

先日の歯痛にせよ、この下痢にせよ、本尊が何かこの身をして諭しているのであろう。それが何か判らない時は、未熟だと思う。

醍醐天皇が大師を勅許された時、枕元に立たれた大師が、

高野《たかの》の山に結ぶ庵に袖くちて

苔の下にもあり明けの月

と一首詠まれたことを思い出す。

この話は、観賢《かんげん》座主の祖廟の礼拝、廟窟を開いて更衣されたという話につながる。その折、大師の衣は破れ髪は長く垂れるを見て、懺悔し、天皇御下賜《かし》の衣をさしあげ、剃髪して御法楽を申しあげて、廟窟を固く閉じ、名残りを惜しんだという話に、である。

私の場合、枕元に本尊がたたずとも、身に悟して諭したと思い、すぐ懺悔して、本尊供養法を修した。

初夜の行法を終って出堂すると、院代さんが心配して顔を出してくれた。高野山大

学、田中千秋先生の『求聞持行記』と『密教の常識』という本を貸してくれた。行記の方は興味深く読んだ。人それぞれに異なった行法があるのだと判った。次第が違うわけではない。その求聞持の行、念誦するそのもののとらえ方の相違である。大変勉強になった。

事実、私も田中先生のように、

「チョット求聞持行でもやってくるか」

といった軽い気持ちがなかったわけではない。入行前や入行当初に考えていた〈求聞持行〉に対する心構えが変化し始めたと思う。

念ずれば念ずるほど、有難い修法である。これほど勿体ない行法はないと思えてくる。

例えば、この弥山の本尊は真黒で、形がよく判らない。ただ黒い月輪《がちりん》だけが、うす暗い中にぼんやりと見えるだけである。ところが、行中、本尊とふと目が合うのである。その内尊像の形がはっきりしてくる。不思議としかいえない。この尊像は右手に

「剣」をお持ちになる。私の次第にある道場観には、本尊の右手は「与願」とあり、私もそのように観想している。にもかかわらず、本尊と目が合うと月輪の中には剣を持したお姿が浮かびあがる。入行十四日、このことを悩む。大聖院での説明ではこの弥山の本尊は右に剣を持している像であるという。毎日、毎日見ているので目が慣れ形がわかるようになったのだろうか。しかしローソクを近づけてよくよく見なければ、剣を持しているかどうかは判らないほど真黒である。

不思議だ。

最初のうちは、行法は簡単な所作のように思ったが、なかなか一印一明の行法はむつかしい。

この道場、院代さんの話では、唐招提寺の森本現管長も二十代の頃、求聞持を修されたという。その昔、覚鑁上人も長い間滞在された、日本三大道場のひとつである。数々の高僧が同じこの場所に坐して行を修したと思うと、何かもったいなく思い、緊張してしまう。有難い。

六月十五日（晴のちくもり）

今日は宗祖、弘法大師の降誕会である。

沐浴をすませ、閼伽井へ降りる。見あげると夜空が美しい。見慣れてきた回りの風景が、何か別のもののように心ときめく。感無量。

南無大師遍照金剛

今日は行法も所作の流れがスムーズである。雑念も少ない。いよいよ、明日の後夜の行で三十萬遍。一つの峠というか、区切りになるとよくいわれる三洛叉である。

久しぶりに風呂に入る。身の垢は風呂で流せるが、心の垢はどうすればよいか、などと考える。こんなことを考えるなんて、心の垢がこびりついているのだろう。

行中、常に心がけているもの、それは四威儀《しいぎ》（行者が行、住、坐、臥の所作に作法・観念・咒願を加えること）である。

今、私が着している法衣《ほうい》、如法衣《にょほうえ》は布施で戴いたものである。この行為を無駄にしては、行は一歩も前に進むはずがない。施された法衣を借りて、この衣の 理《ことわり》 のように願うことこそが、財施に対する法施だと信じる。

着衣偈《ちゃくいげ》に曰《いわ》く、

当願衆生《とうがんしゅじょう》　解脱幢相《げだつとうぞう》　皆是平等《かいぜびょうどう》　広度衆生《こうどしゅじょう》

また袈裟《けさ》の偈にて

善哉解脱服《せんざいげぶく》　無相福田衣《むそうふくでんい》　被奉《ひぶ》如戒行《にょかいぎょ》　広度諸衆生

衣は解脱服、法衣、袈裟は無相の福田衣とされる。法衣、袈裟を着すと同時に、昇《しょう》無《む》上堂《じょうどう》　安住不動《あんじゆうふどう》

だから弾指して入堂した時すでに、そこは出世間である。堂内は法界。

諸仏、諸菩薩が遍満される場である。そこには我はない。存在する場が見当たらないのである。

今回の行は、常にこの威儀を重じている。最初より私欲は捨てようとしている。懺悔を基礎において行じる。大衆に対する大いなる欲をもって、この行にのぞんだ。その大欲が起こってくれば、これぞまさしく、

欲《よく》清《せい》浄《せい》句《く》是《し》菩《ほ》薩《さ》位《い》

六月十六日（晴ときどきくもり）

一時半起床、二時間足らずの睡眠である。身体はもう少し休みたいという。その身体に、二度とない今日だからできるだけ頑張ろう、と言い聞かせる。

衆生こそ有難いものだと感謝し、沐浴に向かう。衆生という存在があって、今の私

の修行も進められる。精神的な支えにもなっている。閼伽水を汲み入堂する。

今日は雲が覆って、星空や月は見えない。しかし、月や星がなくなってしまった訳ではない。そのようにいかなる時にも、法身如来は変わらず光明を照らしている。手を合わす。

仏法遙かに非ず、心中にして即ち近し

と聞く。大師はまた、

仏道、遠からず、廻心すなわち是なり

ともいわれている。迷う心が光明をさえぎる。今でも、雲の上は常に光明が輝いている。くよくよするな、あれこれ悩む前に今に生きよう。

六月十六日

十一時十分、三洛叉、三十萬遍を数える。

念誦法には、一、三、五、十洛叉という数え方があり、経に、

三洛叉誦持すれば世・出世間の悉地を得

と説かれていたように思う。この三十萬遍が一区切りとなるというのであろう。ここ

までは頑張れた。しかし何が変わったのだろうか。何が変化したというのでもない。

ただ、三十萬遍が数えられたというだけのようだ。

当初、身体不調で悩んだ。十日を過ぎてからは、遅れを取りもどすよう頑張ってどうやらここまで来れた。しかしそのことも、今はそれだけのことでしかない。

毎日のこととて、もう口ぐせになりかけた大師御作の懺悔文がある。それを私用にした。


慎しみて本尊聖者に白《もう》して言《もうさ》く、今、仏子英明一つには身心下根なるを以ての故に、行法、威儀本尊に非ず、二つは口舌身叶《かな》わざるが故に真言の字声正事なし、三つには観通ぜざるが故に阿字不生の観浮かばず、只偏に念願ばかりを以てこの行躰を企つ、仰ぎ願くは本尊聖者無二の冥助を加え仏子英明当二世の一、一の願念速疾に成就円満令給

というのがそれである。下根なる故に正確さに欠けている。何とぞおゆるし下さい、というこの文は有難い。ほんとうにこの懺悔文により救われる。

六月十六日

『底《てい》哩《り》三昧《さんまや》経《ぎょう》』に

仏前に於いて五洛叉せよ

と説かれる。三昧に入ることができるには五洛叉つまり、五十萬遍の真言読誦が必要なのだろうか。今後は、字、句を特に正確にゆっくり唱えてみよう。時間が少し長くなっても、そのことで本当に三昧に入れるならばと思う。

二食目を済ませて、表に出る。初夏の日射しである。大蟻が楽しそうに走り回り、小鳥の鳴き声が聞こえる。赤啄木鳥《あかげら》が椢の木の虫をカタカタとつつく姿を見ていると、この世が極楽浄土の何ものでもないと思える。強いて出世間の浄土でなくても、この今、この状態こそ浄土ではないか。このことを身に感じる。生きていてこそ浄土だろうか。しかし、とも思う。他の生命を食って生命は継続する。この明るい日射しの仏の慈悲に祝福された浄土のようなここでさえ、ことはそうだ。それを浄土だとどうして思っているのだろうか。

入山して早、半月が過ぎた。田中先生の行記では食事の記述がよくあった。私の場合、当初より蕎麦粉のみで通している。五穀を断つというのが目的であった。そのため、田中先生のような食事の変化はない。毎日が同じである。

主食が蕎麦粉の練ったもの、これを少し塩味にする。

副食は蕎麦粉に少々甘味をつけて焼く。ホットケーキ風に植物油で焼きあげると、蕎麦菓子ができる。また、蕎麦粉を練った残りがついた椀に湯を注いでソバスープなるものを作る。これが蕎麦粉の全メニューである。ただ、香の物というか梅干しとシソの葉は健康のためもあって昼の時、口にする。これが昼食といえばそうである。唯一の食事らしいものといってよい。

朝食は、蕎麦粉を濃い目に、ポタージュ風のものにして飲むだけである。

仏教では午後は非時とされ、本来は一切の食事をしてはならないことになっている。それに従って朝は蕎麦汁一杯、昼は十一時半ごろに蕎麦粉定食となる。茶菓子に見たてて梅干しを楽しむ。だから、計算すると、入山して今までに梅干しを八十個も食べていた。これは、将来記念に数珠でも造ったらどうだろうか、と思ったりする。

一日に使用する蕎麦粉の量は椀に二杯である。慣れてくると蕎麦粉だけの食事もまた楽しいものであり、食べるということは安らぐ一時だということが判る。

何故に蕎麦粉のみにしたのか。それは、蕎麦は血圧を下げ、五根の働きを活発化するというからである。

今日は日誌に書くことが多い。筆が饒舌(?)になっている。

これも人と話す機会がないためであろうか。まるで会話をしているような気になるらしい。

少し事相の本でも持ってくればよかった。確かに、行は理屈ではない、がもう少し勉強して先人の言葉が聞きたい。

今まで法話などで、空だ、因縁だと偉そうに話していたことを忘れていた。現在の自分は、ただ煩悩を離れようとばかり考えて悩んでいた。こうして雑念が起こるのは、まだまだ三昧には遠いということだろう。沐浴以外には帯をとかず、外見だけでも本尊の三昧でありたい。

例えば小鳥の声も風の音も口密である。山の木の美しさ、これ即ち身密。作法の仕方が正しいの違っているのと考える精神作用は意密である。だから今はこの三密を極めたい。

すなわち自然という仏の心に入り切る、入我我入することである。

もっと仏の心に近づければ、阿字本不生《あじほんぷしょう》の真理をつかめるのだろうか。本尊の三密と、この愚かな行者の三業とが一体となって感応した時にこそ、真の入我我入がある。それが〈三密加持〉である。今まで、身口意の一体感があったように思う時もあったが、どうもそれは錯覚か。仏の心にはまだまだ。

かつて、密教の中心は〈拝む〉ことである、といわれたのは高野山の碩学故上田天瑞先生である。どうやら理屈ぬきに拝めということだ。礼拝する心に真理は現われるに違いない。無相の大空に住し、念誦すべし、と自分にいい聞かせて来た。大師はこれを、

もろもろの妄想無くば、唯心清浄なり
といわれた。
初夜の行を終って、日の沈むころ境内を散歩する。

六月十七日（晴）

二時起床、沐浴閼伽水汲みを終って入堂。

昨日までのモヤモヤが、今朝は気が抜けたようになくなっている。

真言は、行者の口より出て、本尊の足より入り、本尊の内心を受けて本尊の心月輪より出て行者の頂《いただき》より入る。また、行者の口より出て本尊に入る。行者の誦ずる真言陀羅尼は延々と循環往来して絶えざること輪の如し。

今日の正念誦の時、あまり雑念がわかずにできた。雑念があまりないということは、時間を感じないということでもある。

一座の行法で念誦だけでも約五時間かかる。他に前供、後供などの供養法、そして合わせ修する明星天《みようじようてん》の請来作法《しようらいさほう》があり、それらに一時間半はかかる。つまり、一座六時間半以上の行法を、一日二座で十三時間以上坐していることになる。この坐している間に、色々な想いが起こるのである。最初は所作に追われていた時もあったが、慣れてくると、つい雑念というかよけいなことを考えてしまう。

どうも囚われない心が最も大事であるということらしい。

残念なことに、ここの本尊は真黒で月輪も定かでない。三密加持のため、心月輪に本尊を思い浮かべるようにと、五根（眼耳鼻舌身）を集中する。密教の行法の特質ではあるが、難しい。なかなか心月輪に本尊をありのままに現出させられない。

入堂偈の
我身を見る者は、菩提を起し、我名を聞く者は悪を断ち、善を修す、我説を覚る者は大智を得、我が心を知る者は、即身仏也を念頭におきたい。

六月十八日（晴）

今朝は霞がかかっている。十八日は観音様の縁日。今ごろ、お世話になったことのある摂津、勝尾寺では慈母の会が開かれているだろう。先月に発会式があったので、今日は2回目になる。後夜の行法が終って、勝尾寺の寺内興隆、会の皆様の福智円満成就を祈り、遠方の地より観念の出席とします。

今日はもう一つ夢を記録して残しておきたい。

今朝、目ざめる直前のことであった。パチッという大きな弾指の音と共に、稲妻の閃光があった。枕元に身の丈程の観世音菩薩様がお姿を現わされた。そして、

「拝め、拝め、拝め」

ただそれだけをいわれて消えた。私は夢中になって「南無大慈大悲観世音菩薩」といくどとなく繰り返し唱えながら目がさめた。

今まで不動明王や薬師如来が夢枕に立たれたことはあったが、観音様は始めてであった。

夢枕に立たれたお姿は、確か狭間《はざま》の「乳観音」のようだ。今までも、よく詣らせてもらっている。十七日御開帳には、御法楽を勤めさせて頂いたこともある。一度は登壇して供養法を修したいと思っていたのだが、そのことをお伝えになったのだろうか。求聞持法が無事成満したら訪ねて、拝ましてもらうことにしよう。

それとも、今の行の仕方がだめだといわれておられるのだろうか。

六月十九日（晴）

今日は、〈考え〉が言葉と言葉の間をくるくると回る。

何かと一体になる。何かとは、実はこの世間の現象。世間と一体になる。なれるか。このままでは無理。では、どうするか。そもそも一体とは何か。一体になってどうするか。

例えば、ここに縁がある。森羅万象《しんらばんしょう》全て因縁によって生滅する。世間が移り変わるということには〈縁〉がある。これを〈因縁〉という。行法中は、本尊と行者の縁によって一体化、入我我入、世間でよくいわれるヨーガである。

密教の本質は、結局大日如来と金剛薩埵との受け渡しという装置にある。ということは行者即本尊、本尊→世間の現象、逆に世間の現象即本尊、本尊→行者という図式が考えられないだろうか。このように考える時、世間という存在が行者の身の回りで、一種まぶしく照れくさい位置から、有難く深い瀞《とろ》のような位置へ変身するのではないか。

六月二十日（晴ときどき雨）

閼伽水を汲む時、木もまた眠っていると思う。眠りをじゃましてはならない、とそんなふうに思いながら今日は行に入る。

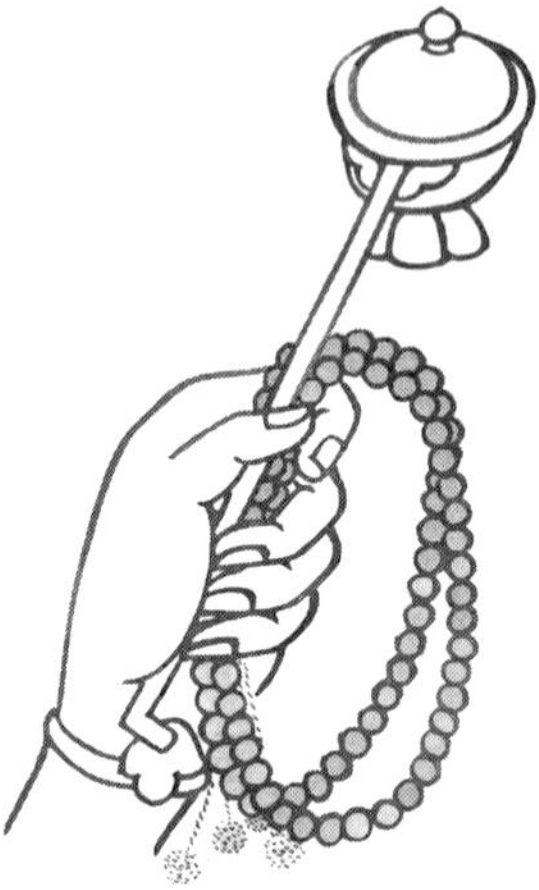

六月二十一日（晴ときどき雨）

今日、行中に祖母に会ったように思う。光明の中で、ほほえんでこちらを見ていた。

祖母が、

「この世の全ては仏様だよ。仏様のくだされたものばかり、大切にせにゃバチが当たる。食べ物《もん》は有難い菩薩様だからひとつひとつを大切にせにゃ」と語っていた言葉が思い出された。祖母はよく念仏を唱えて私をなだめていた。

六月二十一日

今日、初めて部屋の清掃をする。

取りあげた砂糖袋の中にムカデがいた。十センチはあろうかという大きなムカデである。そのまま、そっと外へ持ち出し、木の根に置いて部屋へ向かった。背後に気配を感じたのでふり向くと鹿の母子が来ていて、ムカデの入った砂糖袋を食べ始めた。あっと思ったが、後の祭りである。鹿は何んでも食べるが、特に甘いものは好きなようだ。ムカデにはかわいそうなことをした。

この鹿の母子はよく来る。蕎麦菓子の甘くしたものを喜ぶようなので、ついつい与えてしまう。お蔭で蕎麦粉を予定より多量に使用しているらしく、残りが心細くなった次第。

六月二十二日（くもり）

ケーブルが今日より五日間休業。昨夜より加行入壇者の舛岡師が登っているが院代さんが下山したので、この広い山中に、一日中、二人きりになる。本当はその方が行に適するに違いない。くもりであるが、西方が明るくなる頃はすがすがしい。

昨日来ていたA氏とI氏の便りを読む。A氏は私の結願の日に、九州からわざわざ来てくれるという。有難いことだ。I氏の病いのことが気になった。重病なのだ。彼のためにご利益があればと念ずる。

日が沈み、この山中に二人っきりと思うと、部屋が近いということもあって舛岡師とつい口をきいてしまう。加行の成満者としての私に色々質問してくる。できるだけ参考になることを願って話す。話すことによって自問自答というか、自分のためになるように思える。

例えば、密教でいう事相と教相の問題である。頑迷なまでの枠組をもつこの両相の関係を翼や車の両車輪のようにたとえられる。しかし両相が、各々独自の構造をもって密教であるというのではない。体験の構造が論理的なものによって貫かれていなければならない。

慈雲尊者であったと思うが、密教は護身法を修すればわかる、という意味の言葉を残されている。つきつめれば、護身法という所作だけで密教の本質へ手が届くというのである。そこには、〈拝む〉という方法の中に、本尊との間の三密加持、もっと平易に表現すれば、相互供養の三密ヨーガの妙行がしまわれている。体験的な構造、入我我入の観行が、その密教的論理の手がかりとして示されるというのである。

そこには、俗に〈祈禱〉や〈拝む〉という現世利益の意味はない。それどころか、〈祈禱〉とか〈拝む〉とかいう言葉は、〈おかげ〉とか〈御利益《ごりやく》〉とかいう効験とは無縁のものと思ってよい。それより、護身法の被甲護身《ひこうごしん》の印明が利他行で結ばれるところに、〈拝む〉という行為の基本を指摘できる。しかし、現世利益が宗教の本質からはずれているというのではないなどと、つい三・四十分も一人でしゃべってしまった。

その後、彼が沸した風呂に勧められる。ここの風呂は五衛門風呂である。今回ゆっくり入っていると風呂疲れが出て、帰りにフラフラしながら歩くはめになった。やはり行者用心のとおりに、長風呂は禁物。本堂前に蟻が多くて、上げた足をおろすのに躊躇しながら歩を進めて部屋へ帰る。

六月二十三（雨）

雨である。今朝は頭が痛い。昨日の長風呂が祟ったか、風邪を引いたらしい。

舛岡師に今日も質問を受ける。

本尊の仏像を真剣に拝めない、というのである。本尊は、実は自らの心の中にあるのではないか、そうすれば何故、仏像を置いてそれに向かって所作を行じなければならないのか、といったようなことだ。

仏像とか仏画とかが、そのままその尊であるはずがない。当然である。では、何故にその仏像等に人は参拝するかである。遍満する仏を限られたところに押し込めることはできない。ただ、こう考えられるのではないか。それは仏への窓口、拝む者にとって象徴の窓口だと。そうすれば、この三千大世界に遍満する仏の世界もわかるし、自己という世界に存する仏の存在も、人々が仏像に手を合わす意味もわかる。

だから、ある仏像に勝手な願いごとをして効験がなかったからといって、その仏像を恨むこともない。ということになる。

この考え方は、各家庭の仏壇にも、位牌にもあてはまる。密教の本質は〈拝む〉行為を通じて自ら仏を、仏の慈悲を自らの内に自覚することだと私は思っている。仏壇も仏への窓口だから、寺の本堂を参拝する代わりに自宅で本尊を拝むことができ、わざわざ墓へゆかなくても、位牌という塔婆の代わりがあるので自宅で供養ができるのである。

六月二十四日（晴のちくもり）

ケーブルが休みだと、弥山の寺はこんなにも静かかと思う。寺が休日になるのは、日本ではここぐらいか。

久びさに、後夜行が早く終ったので散歩する。晶洞岩《しょうどういわ》というところまで降りてみる。不断は誰か参詣の人がいたりするので、ここまで来ない。静かである。

岩の上へよいしょと登って見ると、気持ちがよい。自然に坐禅をする。何か心の中から広がってゆくように感じる。行堂で坐して観法する時は、己の中に入って空間というか宇宙の広がりを想定して、道場では心月輪に曼荼羅を観想するわけだが、この岩の上では、直接的に自然を宇宙と感じる。宇宙の息吹を、毛穴の一つ一つが認知しているようだ。

小鳥がどこかで鳴いている。木の枝の間を風が流れている。何か剝出《むきだ》しの自然を感じる。坐している私の中の何かが急に爪先立って、永遠の広がりの中に佇んでしまう。

ここにいると、時間と空間の区別がつかなくなりそうだ。いや、通常の感覚とは異なったように思う。何といったらよいのか、時間や空間を認識する射程がずい分広がったというべきか。過去と現在と未来、ここと向こうと区別する感覚がなくなり、それが別の一つの表現で人に伝えられそうな、そんな気がするのだ。

目を向ければ、目の前の樹木の呼吸音が聞こえてくるようだ。

気がつくと、虚空蔵菩薩の真言を唱えていた。

六月二十四日

部屋へ帰ると、日中の行法が了った舛岡師が来ていた。色々疑問が出てくるらしく、質問の連続で昨日の続きとなった。即身成仏にこだわっているらしい。

〈即身成仏〉とは、この生身のまま仏に成ると解されている。仏とは〈覚めた〉という意味である。では何に覚めるかといえば、真如《しんにょ》、仏の世界に覚めることだといわれる。この世の在り方の真実に覚める、輪廻から解脱する。そういうことだと教わった。だが、それは一般的ないい方である。密教的には、〈即身成仏〉はこの身に即して仏に成る、こう読むべきではないだろうか。弘法大師は『般若心経《はんにゃしんぎょう》秘鍵《ひけん》』に、

仏法遙に非ず、心中にして即ち近し、真如外に非ず、身を捨てて何処か求めん、迷悟我れに在れば、発心すれば即ち到る、明暗他に非ざれば、信修すれば忽に證す

と残されている。

この身が迷いの器であるのと同じに、悟りの器である。迷いがあるから悟りが必要になり、悟りを求める。この身に即して迷悟《めいご》両極《りょうきょく》がたたみ込まれて、迷と悟に継がる縁がこの身を成りたたせている。だから、真如はこの身を離れて外にはない。そうだからこそ、発心すれば即ち到り、信修すればその行果は証明される、と考えている。

世間の目を奪っている即身成仏と称するショー（例えば土や石窟に入って何日間もすごすことが即身成仏だと報道された）を舛岡師が話題に出したが、それらは密教の考え方や、大師の示されたみ教えとは大きくかけ離れているといわねばならない。私にいわせれ

ば、まったく異なったものだ。

『華厳経』には、都卒天子《とそつてんし》が現身をもって成仏したと説き、『法華経』には、龍女が正覚《しょうかく》を得たと記している。これ等も、その身に即して成仏したことを語っているといってよい。八万四千の経蔵はすべて、これ成仏道の法に関して説かれているのだから、身に即して成仏できるという教えは、すぐれて、有難い。要は、廻心《えしん》。心をめぐらせて、自己の内にある本来の浄い自己に覚めることから出発するのである。

いかなる経典であっても、死ねば悟りが得られて苦から解放される、こういうように死になさい、などと書かれたものは絶対にない。

六月二十五日（晴）

入行して二十五日目、明日の後夜で半分になる。「中日」である。

初めの内、体調が悪くて大変苦労した。回りの者が心配して色々忠告してくれた。例えば、一日ぐらい休んだらとか、日程をずらしてやりなおせばとかである。しかし、結願が決定していて入行した行なのだからといって、泣き泣き頑張った。体がついてゆけず降壇して、またその一坐をやりなおしたり、あとから念誦の追い足しをしたりしたが、それでも何とかやり遂てここまで来れたと思っている。それというのも、この行の成満を祈ってくれている人々がいる、という支えがあってのことではないかと思う。

行のために衣や袈裟を布施して下さった方々や、無事成満を祈って茶断ちして下さっている人々などの存在に励まされたといえる。有難い。

特にお世話になっている勝尾寺の皆様には、私の我儘を許して下さった上のご援助の賜物だと感謝している。こういう方々の縁を祈らずにはおれない。

行中の念誦は淡たんとして、何かの力、多分それは仏のご加護に違いないが、その力に自然に背負われて数珠がくられてゆく。観念がどうだとか、そんなことに気が取られなくなったようだ。所作を意識しなくて進められる。

体の不調も含め、今までのことがたいしたことではなかったように思う。

六月二十六日（晴）

中日の朝がさわやかに明けた。中日、つまり五十萬遍が達成されたのである。

谷向こうにある奥の院へ参拝する。体に力が入らずフラフラしている。

奥の院へ着くと、参詣の方が一人おられた。毎月一回お参りされてるという。信仰について二・三質問される。

拝むことが要《かなめ》です。本当の浄い自己が仏様です。その本来浄い自己が、三毒といわれる欲と怒りと愚かさによって隠れてしまっているのだから、拝むことによって本来の清浄な自分を見いだして下さい。私もそうしています、と答えて別れた。

つま先に力が入らないので、かえって帰りの山路の方が少々大変であった。

やっと、という風体で弥山へ着いて飲んだ水の美味しかったこと。

部屋には中日用の御供が、院代さん達の手で調えられていた。このお供えを少し口にして体力をつけてはどうか、と院代さんに忠告を受ける。自分で思うより体力が落ちているのだろうか。

いざ登壇して行に入って驚いた。

最初の内は今まで通り進んでいたのに、途中から真言が唱えられなくなった。舌がうまく動かないのだ。何度も何度もやりなおすが、いえない。口が強《こわ》ばったように舌がもつれる。別に口や舌がしびれたわけではない。ためしに観想の文章を読んでみるが、何の不自然さもなく声が出る。にもかかわらず真言がいえない。五十萬遍誦してきて、もう口が覚えこみ、眠りながらでもいえる真言である。その真言が口から出てこない。忘れたわけではないと思うのに、口が動かない。脇から冷汗が流れ、体が固くなる。

一度降壇してやりなおそうかと思う。しかし、この供物を調えて下さった院代さん達のことを考えると、そうはいかない。何が原因か考えるが、別に思いあたることはない。体の疲れだと思ったりもするが、それならば、初めあれほど不調の体をおして登壇した時でさえ、真言につまったことがなかった。だから、真言の唱えられないわけが説明できないではないか。一体どういうことなのだろう。

一字一字、確かめ確かめ唱える。ゆっくりゆっくり唱え、数珠の玉を送る。次第を見ながら何とか了える。道場を出ると、もうまっ暗だった。

お供えを舛岡師に届けると、師はもう床に入って休んでいた。後でその中の仏供

（飯）を舛岡師が、カユにして持って来てくれた。五穀を断っていたが、加行行者からの心のこもった供養として有難く頂くことにした。椀に一杯、このカユで少しは体力がつくかもしれない。明日の朝、食べよう。

六月二十七日（晴）

昨日はよほど疲れていたのか、すぐ眠りに落ちてしまった。午前0時ちょうど、目がさめる。少し早いが写経が遅れていたので、三巻浄写、祈念をして、入堂準備をする。

六時半、中坐。朝の勤行をすませて、供養して頂いたカユを食す。考えてみれば、一カ月ぶりの米である。美味しい。一粒、一粒が身につくように感じられる。

一口含み、ゆっくりと咽を通す。温かさがまた、ゆっくり身へ滲みいる。すがすがしい朝日を受けて、椀の中のカユも輝く。中日を迎えたことに、仏も慈愛を垂れたもうたのか。

〈生きる〉ということは、〈生〉という因縁に生かされているということだ。熱力学に、第二法則という原理がある。エントロピーという。近ごろ、この言葉をよく聞くようになった。物理学的な表現をすれば生命はエントロピーが増大してゆき終焉《しゅうえん》を迎えるという。〈生きる〉ということは、終焉に向かってエントロピーを増大させることだというのである。これを生命維持という点から見れば、増大するエントロピーを他へ、たとえば食ものに移すことで、増大を押えることになる。と、すれば〈食べる〉という行為は増大をおさえる、あるいは減少させる負のエントロピーではないか。食べものによって、増大するエントロピーを肩代わりしてもらい、生かされていることになる。カユになった米の命という〈生〉を食することで、エントロピーを肩代わりしてもらい、生かされる。文字どおり、〈生〉の因縁によって生かされているのである。

今日は、昨日のように真言が口から出ないということはない。何度考えても不思議なことであった。何故、こんなに口になじんだ真言を、忘れてしまったように唱えられなかったのか判らない。他の行者の人には、このような経験はないのだろうか。それとも、五洛叉という節目前後に他の人にもある現象なのだろうか。今日となっては昨日のことが嘘のようなので、よけいに首をかしげてしまう。もし誰でもが経験することなら、これはどういうことなのだろうか。他の行者は、どのようにしてこの経験を乗り越えるのだろう。考えてしまう。

私は僧侶である。いつでも、皆様のためにできるだけのことはさせて頂くつもりである。事情によっては、この僧衣を脱ぎ捨てる覚悟もある。もしその人が本当に救われるのであれば、そのため共に悩み、共に苦しみたい。その人と入我我入しなければ、その人の本当の悩みが判らないだろう。

百の仏教寺院を造るより、一人の人間を救うことの方が大事である、というのが私の信条である。入行以来ずっと、無事結願したらこのように宗教活動してゆきたいと思い続けている。

六月二十八日（晴）

後夜の行法のことである。正念誦開始と同時に妄念が出てくる。今にして、どうしたことだろう。整理してきた粉塵ともいうべきものが、打ち消そうと思えば思うほど強く現われてくる。

ちょうど、朝日の射しこむ時間になって、やっと落ち着いた。すがすがしい朝を迎えながら、本尊に意識が集中できるようになる。

初夜の行法は時間を感じない内に了った。このごろの行法は何の変化もなく、落ちつき過ぎるような気配の中で進んでしまう。今朝のような妄念が湧けば別だが、三洛叉が過ぎて変わったと思う。三洛叉を迎えた時には何も変化しなかったと思ったが、どうもその時ぐらいから、登壇してからの気持ちも、また雰囲気も変わった。五洛叉を過ぎてからもやはり変化したのだろうか。あまりそうは思えない。行法があまりにも淡たんと進んでいるように思う。

弘法大師の『般若心経秘鍵』を読む。このごろ本を読むといえば秘鍵を読んでいる。何度も読んだからかもしれないが、意味するところがよく判るようになったと思う。他の経本も以前より判るように感じる。このことが、陀羅尼＝憶持《おくじ》ということなのだろうか。そうであればうれしい。淡たんと進むようになって、この行の効験が現われたと思いたいのだが自信はない。

判るということが、言葉だけの結論であってはならない。

六月二十九日（晴）

二時沐浴、閼伽水を汲み、後夜の行法に入る。

夜空は美しい。山中なので星が特に美しい。東の空に明星天子が輝いている。願わくは、衆生のためこの英明を導き給えと祈る。正念誦《しょうねんじゅ》になってしばらくすると輪還念誦になった。行者から本尊へ、本尊から行者へと真言が廻る。その内、悉曇《しったん》（梵字）の形になって、真言が一つの線のように真言の最後と最初がつながり、行者と本尊の間に輪のようになっている感がある。その悉曇が重なり出して、次の真言の最初が前の真言の中ほどに重なり、その次の真言の最初と前の真言の最後がつながり、次つぎ押されるように真言が流れ出した。その何層にも流れる真言が見えるのである。

本尊が大きく見え、その中にのみ込まれるように思う。もう止まらないといった感じである。私が行法をしているのではなく、私は誰かがしている行法につき、従って

いるというふうにである。もっと具体的にいうと、誰かが私の体を借りて求聞持の行法を修している。そのように思う。

だから、何か一気に行法が終ったように思えた。足が痛くなり、香炉の回りに灰が散り、樒の葉が供養され、どう見ても壇上は行法を修した跡がありありとあるのに、長い時間の流れを感知しないまま、一気に行法が終ったのである。

九時に朝の勤行を始める。終って、唖然とした表情で出堂したらしい。目に止めた院代さんが後でそう語ってくれた。

部屋へもどる。時間があるので久しぶりに清掃をする。床の間に花も生ける。色花がないので、木の葉ばかりの生け花である。樅《もみ》の葉に夏黄櫨《はぜ》を用いる。中心に黄櫨の新芽の赤い葉を使う。止めに羊歯《しだ》をあしらい、深山風にまとめてみる。材料などなくても、生かす心があれば生きてくるものである。そのことがよく判った。

香もたいて部屋を清め、再び静寂の行者の控え室にふさわしくなった。

本来はいつもこうでありたい。本当に心落ち着くものである。

今日は体のすみずみまで何かで洗われていて、何が起きても笑って許すことができそうだ。まるで洗いたての糊の利《き》いた着物を着たように、さっぱりとした気分だ。

『大日経』の第一住心品《じゅうしんぼん》に「如実知自心《にょじっちじしん》」という言葉が出てくる。住心品は『大日経』の理論的な面が説かれているという。学者の説明では、第二具縁品《ぐえんぼん》以下に密教の実際が説かれ、それらを理解するための論理を説いたのが住心品だそうだ。だから、顕教の者にも判るように説いたために、『大日経』の住心品は密教の経典ではないという説もある。

あるいは、そうかもしれない。とすれば「如実知自心」という言葉は、大乗仏教＝顕教から密教への入口と思ってよいのだろう。

「ありのままの自分の心を知る」、このことが密教、延いては大師のみ教えへの入口ではないか。この身に即して成仏する、つまり〈即身成佛〉とはこのありのままの自分を知ることから入ってゆく。つまり〈如実知自心〉から入ってゆけるに違いない。
今日の行法を、私の身体に即して修して下さったのは、実は大師その人ではなかったかと思いたい。もしそうなら、本当に本当に有難い。そのことのみで、この行をやってよかったと思う。

真言は不思議なり、観誦すれば無明を除く、一字に千里を含み、即身に法如を證す。

大師の言葉である。有名なので誰もが知っている。しかしそのことを、この父母所生の身をもって実際に感じたのだと思うと涙が流れる。
密教の行法中、よく唱える偈がある。三力偈《さんりきげ》という。

以《い》我《が》功徳力《くどくりき》、如来加持力《にょらいかじりき》、及以《ぎゅうい》法界力《ほうかいりき》、普供養《ふくよう》而《に》住《じゅう》

これを、私の功徳力に応じて如来が加持力を与えて下さる、そしてその法界力《ほうかいりき》をもってこの世界に供養しようと、そのように私は理解したい。

六月三十日（晴）

二時入堂。壇前普礼、威儀を正して三密観、護身法へと行へ入ってゆく。加持香水、加持供物、𑖨𑖽《ラン》字観へと導かれるままに進んでゆく。手が自然に動き、口が自然に真言を紡《つむ》ぎだす。暗闇の中で、灯明の火が一枚の写真のように停止している。焼香炉のけむりが流れる。二畳ほどの行場が、開かれた空間となる。本尊が大きくなって、堂内へ広がっていくようだ。淡たんと進む行法。

戦慄といってよい、そのことが起きたのは五時過ぎだったと思う。突然のことで、その時は何がどうなったのかよく判らなかった。

朝日が東の窓から射しこんだと思った瞬間、「ウワァッ」と大声を出して私は壇上から転がり落ちた。

木の葉の間をぬった朝日が、ちょうど小指大ぐらいの光線となって窓から射しこんでいた。その光線が観想していた私の胸へ刺さった。実際に、鋭いもので胸を刺し抜かれたような痛みが全身を走って、私は壇上より転がり落ちたのである。

手をついたまま顔をあげると、眩《まぶ》しい光が落ちた私の胸のあたりをまだ真直ぐに照らしている。私は大きく喘ぎながら、震える手で落とした念珠を拾い、合掌の中へ収めて心《むね》の上へ置いた。

ご本尊様、これは何でしょう。大日如来様のお印でしょうか。

と祈念して、ようやく元へもどって行法の続きに入った。しかしこの後の行法は足が地につかない状態というか、フワフワとした感じで後夜の行法は終った。

しかし、考えてみれば不思議なことだ。今まで同じようにしていたが、決してこんなことはなかった。木の枝と葉に遮《さえぎ》られていた太陽の光が、ちょうど何かの偶然によって私の胸へ光線となって届いたというのは奇瑞である。まさに、戦慄とともに私の記憶に刻みこまれた。

大師は、

谷響《たにひびき》を惜しまず、明星来影す

と、成就した時のことを書き残しておられる。私は六十萬遍を目の前にして、大日如来の加護を受けたと思った。ひょっとすると大師のように明星、つまりこの虚空蔵菩薩に会えるかもしれない。そうなれば有難いのだが。

行を重ねたからといって特に何も変わらないのではないかと感じていたが、五洛叉を過ぎてから、どうもそうではないと思うようになった。何かが変化している。

初夜の行法の時にも私は不思議な声を聞いた。

途中でふと気づくと、私の後ろから真言が聞こえてくる。この行場で真言を誦しているのは、私一人のはずである。誰かお参りの人がいて、外から私の念誦の声について来ているのだろうかと思った。いや、私はそんな外まで聞こえるほど大きな声を出していない。やっと自分の耳に聞こえるくらい小さな声で唱えている。試しに唱えるのを止めてみた。すると、後ろの声も止まるのである。

どうやら、私の声を私が外から聞いているのだ。真言を唱えている私。唱えているその真言を聞いている私。この両者が別にいるようだ。今まで、私という者は一人しかいないと思っていた。だから真言を唱えた私は、自分の声を耳と体の中から聞いていて、他人ではない自分の声だと判断していたのである。

しかし、自分の声が、他人の声のように聞こえる。後ろに別の私がいて唱えているとしか思えない。あるいは私の身に即して、唱えている存在が他にあるのか。それにしては、はっきりとした真言の声となって聞こえる。

この不思議な声を聞きながら初夜の行法を終る。

夕方になって、明日の三鬼堂の祈禱会に参加する参籠の人達が集まって来た。

七月一日（晴）

十二時に起きる。写経一巻、沐浴場へ行くと、院代さんをはじめ助法僧の方々が三時から始まる祈禱会の準備に忙しそうであった。

思い出せば開白の日も祈禱会があったので、今日で一カ月過ぎたことになる。あの時は少し興奮し、緊張してこの祈禱会もまぶしい思いで参加した。ところが今日はもうそんな興奮はない。準備に忙しい寺の方々に対して、ほんとうに静かに、御苦労様、御加持させて下さい、と思うだけである。

二時過ぎ、参籠の方が起き始めた。

今日の後夜には少し期待があった。日が登り始めると、昨日の現象の再現へと胸が熱くなってそのことに気が奪われる。真言を唱えながら、じっと期待の目を窓へ向けて待った。しかし、窓全体へチラチラと日が射しこんではくるが、ただそれだけである。堂内が明るく照らし出されてくるだけで、気が抜けた。つまり、今日これだけ期待をしてしまうくらいの奇瑞であったわけで、そのことに振り回された私は恥ずかしい。その器でなかったといわれてもしかたがない。心を締めて残りの行を修していこう。

初夜行の前に、三鬼堂をのぞいた。院代さんが受付をしていて、堂内に二・三人の方が祈禱されていた。

「まだテフテフが飛んで来ませんか」と院代さんがニコニコと話しかける。他人には判らない会話。たとえば、求聞持の行を深く修して仏の三昧に入ると、頭の上に蝶々が飛んで来るようになるというのである。蝶々といっても本物ではない。幻覚を見るということである。そのことを含んでの院代さんの言葉である。私は会釈をして、求聞持堂へ向かった。

私は、話し好きで有名である。つい話に乗ってしまう癖があるが、今は話すことが面倒になっている。日常の色々なことがどうでもよい、といってしまえば語弊がある。

むしろ日常の事柄が、私の関心から欠落しているといった方がよい。

初夜の行法が終って出堂すると、夕日が山の端に沈む直前であった。山の日暮れはあっという間である。見る見る間に暮れてゆく。太陽が天空にある時には動いているように思えないが、日の出、日の入りの時には誰の目にもはっきりと動きが判る。

行法もこれと同じで、一カ月前、入行した時は夢中であった。何か悉地を得なければならない。という意気込みや気負いがあったと思う。ところが入行直後に歯痛、風邪、口の腫れなどに悩まされて、泣き泣き登壇した。そのくせ何が変わったという訳でもなく、これだというものがつかめた訳でもない。三洛叉、五洛叉と終ってみて、少しも変化したとは思えなかった。初めとは幾分変わったはずだと、それは今に到ってそう思うのである。ところが六洛叉を前にして、急に何かが変化し始めたと感じられる。変化が見えるように思う。

この変化は、寺内の人達にも判っているようだ。

「驚いている、最初の時のあの病気、よく山を降りなかった、皆で心配していた」

と言葉をかけて下さる人もいる。その言葉の端々に、初めのころと異なった調子が含まれていると思う。

こういうことに対して、今は本当に正直に、何のてらいもなく事実を人にいえるのである。

先ほどから手に蚊が止まっている。その蚊を追うことも面倒なことのように思う。蕎粉のみの食事が不便だと、もう思わない。一人で籠る行が、孤独だとか苦痛だとかは感じられなくなっている。そういう日常までが淡たんと、今までずっとそうであったように感じるのである。

七月二日（晴）

美しい夜空である。今日もよい天気であろう。澄みきった空気が、この山全体を満たしている。見あげている私と、美しい星々の光を、澄みきった大気が包み、厳かな霊気が私の足元から立ち昇っている。そう思う。このごろは入堂の準備も無意識のうちに行っていて、ふと我にかえってみると道場で壇前普礼《だんぜんふらい》に入っていることがある。今日もそうであった。灯明の芯を調えていて、灯油が油さしに残り少なくなっているのに気がついて、閼伽水を汲んでからどういうふうにして準備をしたか思い出せない自分を発見した。

本当に何も考えずに、行動を意識することなく淡たんと時間が移っているように思う。

本来、密教の事作法の内、真言宗系のものは、東寺の密教という意味で「東密」と呼ばれているが、護摩法のように行動的ともいう祈禱を中心に修するのは、あまり重視しなかったという。では、東密では何を大切にしたのかといえば、阿字観とか求聞持法のような、精神的というべき禅定や観想を中心とする修法だと教えを受けた。

そういった東密系の行法は、行者の内面の問題であって、自行と称されるものである。これ等の底に流れる感性は、基本の加行としての行法から、各々の仏を供養する一尊法《いっそんぼう》、特殊な求聞持法に至るまで同じといってよい。行者の中身に変化があるわけではなく、行法の形式だけが異なっていると思うのである。

つまり、一つの行法を数多く重ねていくと、この淡たんとして、意識のないまま所作が了っているという状態へ移行している自分を発見するようになる。言葉にすればそういうことだ。

強いていえば、この私の求聞持の行法も一カ月が過ぎて身体が慣れるに至ったということになるのだろうか。このまま永遠にこの行法だけをやっていってもよい、とふと思う。やってゆけると思う。

初夜の行法を終って、ふと、あたりまえのことだが、生きとし生けるものは皆同じだと判った。名称というか、認識のされ方が異なっているだけで、本来は同じものだと。それは、今まで言葉や理屈として理解していたというのとは違う。生きるということが、いいかえれば、存在するということが変化することなのだと判った。変化するということに、基本的な変わりはない。そのことが〈判った〉と言葉にできたのである。この世のものは、すべて生きているのだ。

七月三日（晴）

今日も朝日は美しく、東の窓から射しこんで来た。仏の慈愛がすべてを潤してゆく。本来清浄なり、諸法もまたかくのごとし。仏器が金色に輝いて、堂内に美しさが満ちてゆく。炉より紫の香がゆらめいて、朝日の合間を眼前に立ち昇る。行者の口より流れ出る真言が、輪郭を顕にして堂内に広がってゆくように思う。

しかし、先日のような奇瑞はもう起こらない。

人身は仏法を聞く唯一の器だという。これは、仏法を修する唯一の器だといいなおしてもよいだろう。

私は会い難き仏法に会い、得難き師を得て、今、壇上にいる。唯一の器なら、必ずや仏は哀愍《あいみん》を垂れたまうであろう。

もう、先月の奇瑞のことは忘れよう。

初夜の行法の時、また自分の声を背後から聞いた。それは先日と少し異なっていた。それはちょうど、ヘッドホーンで音楽を聞いた時のように後頭《うしろあたま》の中から聞こえてきた。もう一人の私が私の頭の中にいて、そこで真言を唱えているようであった。確かに私の声なのだが、静かに静かに唱えているのである。

胸の前で組んだ私の指の間を左から右へと、その静かな声に数珠が送られてゆく。私がそうするのではない。私の体を借りた存在がそうするのである。確かに私の親指と人指し指が数珠の玉を数えているのだが、指を動かしているのは私ではない。私の頭の中から聞こえる静かな真言が、指を動かしているのである。

七月四日（晴）

午前0時起床、まず『般若心経秘鍵』を誦す。一字一句が、体へ気力とともに流れこむ。突然、驚くように激しい気力が湧き出て目が眩《くら》んだ。

たたらを踏むような勢いで、閼伽水を汲みに走る。ひょっとすると、こんなことは初日以来かもしれない。西に月が傾いている。月光が草の一本一本へ、木の葉の一枚一枚へ、霊気を充足させているように思う。こんなふうに思うなんて、今日は変だ。

案の定、後夜の行法の正念誦に入って間もなくのことであった。数が数えられなくなった。今までも度たびそういうことがあったが、今日は今までと違う。今までは、やりなおせばその次はうまくいった。今日の場合は、ふと数がわからなくなるといった方がよい。

数は数珠で数える。一回誦せば、一つ玉を左から右へ移す。数珠の玉は、百八玉。

百八回誦して、これを百回誦したとして、房のところにある小さな玉を一つ移してゆく。この玉は十個あるので、一循環して千回誦したことになり、この時もう片一方の房の小さな玉を一つ移す。このように数えてゆくのだが、時に真言を誦しながら玉を移したり、移すのを忘れて次の真言を誦したりすることがあって、数がわからなくなることがある。

しかし、今日の数が数えられないのはそんなものではない。真言が数えられないのだ。確かに真言は唱えられているのだが、真言の終りと最初がくっついて区別がつかず、一つの真言として数が数えられないのだ。あるいは真言がわからなくなったといってよい。先日のように、忘れたようにわからなくなったというのとはまた、異なる。真言は唱えられるのだが、一つの真言として認識できない。要は数として数えられず、水のように流れて真言の切れ目がない。だから息をつぐのも、ちゃんとした真言と真言の間というわけではない。とにかく、息が続かなくなったところで息をつぐのである。

何度やりなおしても、すぐそうなってしまう。ゆっくり、ゆっくり真言を唱える。次第を見ながら唱えて、数珠の玉を左から右へ移す。そうやって、やっといつものように数が数えられるようになった。

後夜の行法が終って出堂。長時間だったので灯油が切れた。補給していると、助法僧の方から、妻がこちらに向かっている旨を伝えられた。何か悪いことを聞いたように思い、胸の奥に重いかたまりが生じた。

何もなければよいがと思いつつ部屋を片づけていて、有縁の方の供養を思い立つ。六月二十五日が命日であったI氏等に、山からしきびを取って来て供花とする。ていねいに祈念し、供養する。

昼を過ぎたころ、蕎麦粉と、知人からの陣中見舞いをもって妻が弥山へと着いた。陣中見舞いは供物として寺へ渡す。知人の方々の心は嬉しいが、今の私には蕎麦粉以外は必要ない。

やはり突然の来訪は、よい知らせではなかった。妻の報告によると、伯母がすい臓ガンだという。昨日の検査で三カ月の命だと知らされた。東京の親戚も病院へ見舞に来ていて、心を痛めているらしい。少しでも苦痛がなければよいというのが、集まった人達の希望だそうだ。

伯母は七十一歳だったと思う。もう一年以上、顔を合わせていない。成満したらすぐ見舞いに行こう。

以前にも同じようなことがあった。加行中のことである。当時、市長候補の選挙責任者をされていたI氏。選挙が終っても運動の後始末や、何かと多忙な立場であったI氏は、そのためにどうしても半年以上の時間が必要だと聞いていた。その氏が危篤だと、加行中に連絡を受けたのである。

普通、加行中は師僧の重要事以外は連絡を受けられないことになっている。現代のことなので、特例として父母のことも退引《のっぴき》ならないことは許されるようになった。その加行中、どうしてだったかは忘れたが、I氏の危篤の報が届いたのである。

その時、私はすぐに延命祈願を加行中の本尊にした。まだ加行中だったので正式な延命法は伝授されてなかったが、ただただ一心に祈願したのを憶えている。延命法によれば、二十一日間の延命には必ず効験があるという。私はそんなことは知らなかったので、氏に必要だと思われた二百日間の延命を祈ったのである。本尊が行者を哀愍したもうたのか、いったんは止まった氏の心臓が再び動き出して、二百十日目に他界された。

それで私は、仏が正法のあることを未熟な行者に示されたのだと思い、涙を流したものであった。

その後、加行が成満し、灌頂《かんじょう》にも入壇できた報恩に、二十八日の不動明王の縁日の前後三日、不動護摩供を修した。その折に今度は父の霊視というか、父の異変を感じたのである。父倒れるの報に接したのは、降壇して出堂した直後であった。

不動明王に父のことを祈願し、午後の飛行機にて帰宅して、不動明王の病者加持を早速修した。その後も祈願は続けている。有難いことに、父は今日に至るまで消光を得ている。

これは至心に祈れば仏天の加護を受けられるということであって、私のような未熟な者の効験ではないだろう。確かに密教に伝わる法を修せば必ず効験はあるのだろうが、またその故に、滅多なことで法は伝授されない。少しの誤りもなく法を修することもまた至難である。未熟な者が過信していいかげんな法を修し、希望した効験がなければ、他の真摯な行者や法そのものに申し訳がない。だから、私のような未熟な者は至心に祈って仏天の加護を頂くよりほかないのである。

大師は修された『般若心経』写経の効験（弘仁九年の疫病大流行に対する効験）に対し、『般若心経秘鍵』のあとがきで

是れ愚身が戒徳《かいとく》に非ず、金輪御信力《きんりんぎょしんりき》の所為なり、

と書き残しておられる。大師でさえそうであるなら、私などは仏天の哀愍したまう加護に縋《すが》るよりほかない。

少し遅れて、初夜の行法に入る。別れ際に妻が残した言葉、

「苦痛のないようにできればね」

が頭を離れず、しまいには少しでも、と伯母の命乞いを考えている自分に気がつく。降壇して、伯母の祈念をし、「願文《がんもん》」を草す。今より毎座五千遍の念誦を追加するので、例え代受苦《だいじゅく》を受けようとも、伯母を助けてほしい。もし延命が適《かな》えられなくても、苦痛を除去し、後世を安らかにしたまえ、といった旨を書いて祈念する。

九時半降壇、今日一日の行法が終った。

気分的にも疲れた。毎座五千遍の追加は、毎座二時間の行法の延長を意味する。そうでなくても時間がない行法なのに大変なことを始めたと気がついたが、今さらやめられない。やるしかないとは、このことだろう。

行法に入ると、有縁の方の生死に関する報を受けるのは、私にそのような因縁があるのだろうか。それは、私に精進を促しているのではあるまいか。そう考えながら伯母のことを祈った。

七月五日（晴）

今日は起床した時から、〈死〉という言葉が頭の中を走り回っている。伯母のことだ。こういう問題を考える時、言葉だけが先にあって、自分が何と無力なのだろうかと思ってしまう。

幼いころ、仲良く遊んだ従姉妹の顔が浮かぶ。胸の奥で、何か鋭いものが震えているような痛みがある。とりかえしのつかない失敗をしたあとのような息苦しさで、胸が緊張して苦しい。

どんなに医学が発達しても、必ず我々には死というものがある。言葉として先にあった〈死〉。それが、私の血の中で主張をもった存在として全身を駈け廻る。

密教を、人は祈禱を中心とする宗教だと思っているらしい。例えば、密教念力などという言葉や書名があったりする。しかし、密教の本質はそんなものではない。祈禱師と密教の僧侶ははっきり異なっていて、神秘主義による祈禱礼讃に、私は嫌悪すら感じていた。

しかし　伯母のことを思うと、つい密教の加持世界を、自分の嫌悪していた神秘主義礼讃の世界へ引きずり込んで期待してみたりする。私の弱さであろう。本尊の加護に、身勝手な押しつけを考えていることがある。私は伯母の延命を願ってはいるが、そのことを仏に期待してはならないと思っている。

我々行者が病者加持を修する時、それは仏の加護と病人とをつなぐ縁として存在するのであり、行者の個人の力は限られた、無力なものである。

ただ、今にして考えれば三洛叉前後に夢枕に現われた観音＝狭間の乳観音の件に思い到る。伯母は、この観音様の近くに住んでいる。最もよくお参りしていた寺でもある。あの時「拝め、拝め」といわれたように思ったのは、実は伯母の病気のことであったのか。後夜の行法中、思いがそこに達して、仏の意思を眺め返し、眺め返し、胸を熱くした。

求聞持法行法１日スケジュール（１座5,000遍追加時）

AM　1：00	起床
	沐浴、閼伽水汲み等　入堂準備
2：00	後夜行法　入堂
	外道場作法
2：20	入道場
7：00	中座
	於本堂　朝の勤行　祈念他
8：00	再入道場
11：00	出堂
	食事、写経
12：00	入堂準備等
PM　1：00	初夜行法　入堂
	外道場作法
1：20	入道場
8：30	出堂
	写経、日記等
10：00	就寝予定

十一時出堂。

蕎麦粉の昼食を素早くすませる。

毎座、五千遍の追加念誦をするということは、時間がなくなることであった。初夜の行法、午後一時入堂、午後八時半出堂。後夜の行法、翌日の午前二時入堂。勤行も含め午前十一時出堂。

その間に入堂準備、写経等に時間をかけると、もうほとんど眠る時間がないので、勢《いきお》い、食事、トイレ等の個人的時間が最小限となってしまう。これは思うようにことが運んでのこと、昨日のように気が乱れると八時半が九時、十時となるに違いない。

あと半月ほどで成満だと思うと、気を引きしめて頑張るしかないではないか。

初夜の行法、予定より少し遅れて終る。

「死んで生きる」という禅語のような言葉もあるが、今の私には「よく生きてこそ、よく死ねる」といい改めた方がよい。仏祖、お釈迦様は死後と関係のないところで教えを説かれた。そのことに、自らの行法の基礎をおかなければならないと思う。

仏教が、「死」に関する産業体となってはならないのである。

七月六日（雨）

今日、後夜の行法入堂の後、深山の木の葉の落ちる音を聞きつづけた。音というより、気配といった方が正しいかもしれない。ある雪の降る夜ふけ、音のない雪の降る音を肌に感じたあの記憶に似ている。そんな気配が堂の外を包み、山の霊気が硬質な存在となって息をひそめているようだ。

私は自分の口が紡ぎ出す真言を聞きながら、東の窓が明るくなるのを、まるで他人事のように見ていた。午前四時ごろであったろうと思う。大自然の生命と私の生命が継《っ》ながれて、温かいものが流れていると感じた。そうすると私の内部で気力が満ちてもう一人の私が背のびをするように立ち上がったのである。

そのもう一人が、心配するなというような顔をして、行をしている私を静かに眺めているのである。

不思議なことだが、そのような状態がかえって私を落ち着かせるのだ。

午前九時ごろ雨となる。

雨だれの音が、真言を誦すリズムに合っていて奇妙な陶酔感がある。

後夜の行法、十一時に解界作法《げかいさほう》を終り出堂。

すぐにあわただしい昼食となる。

伯母の祈念のため、別行立ての次第で修する供養法はやはり大変なことである。求聞持の行そのものも、決して生易しいものではない。つまり、背のびをしてまだその上の物を取るため手をのばしているようなものだ。別行立ての行法自体はそんなに騒ぐほどのものではないが、求聞持の行に加えてということになると話は違う。

しかし、この伯母に対する行法を続けることで私自身が納得するのである。昼食を了えて、体を弛緩させながらそんなことに気を移していた。

外は、本格的な梅雨の景色である。今まで晴れていたのが、例年にはないことなのだ。遠く霧が流れている。小さな雨が霧をぬらして、冷やかな空気を部屋の中へ押しこんでくる。私は、霧に輪郭をぼやかした木立ちの向こうへ視線を投げて、本当に体を弛緩させた。

その時、何の脈絡もなしに勝尾寺にある法然上人の二階堂を想い、

紫の戸に開けくれかかる白雲を
　いつ紫の色と見なさん

という上人の句を思いだした。そうして勝尾寺におられるH師の足の病気に気を奪われ、九州の山々と九州のH氏の顔も浮かんだ。彼等のことに気をかけながら祈念して、一時に入堂。

九時出堂、この初夜の行法で七洛叉、七十萬遍を誦したことになる。

このままいつまでも続けてもよいという気持ちと、ああ、日に日に百萬遍に近づいているという気持ちがある。少し後者の方が強いようで、やはりうれしい。

七月七日（雨）

今日の後夜行、三時過ぎ入堂。もう結願を目前にしてぶざまなことだと思う。しかし、決して怠惰でこうなったのではない。

昨夜は蒸し暑く寝つけなくて困った。寝返りを打っている内に、腹がすいてきた。もう二食の生活にも慣れたと思っているのに、である。この寝つけない時に腹がすくというのは困りものだ。ついに床の上に起きあがり、坐禅をして、気を落ち着けたうえ、白湯を飲む。稍《ようやく》、空腹感も鎮まって、再び横になる。その内うとうとし始めて、やれやれであった。

ことはその後である。

深く寝入ったころ、足の裏がキリキリと痛むのを夢うつつに感じた。やはり蕎麦粉だけでは栄養はアンバランスなんだと、これまた夢うつつに考えていた。というのは、最近、足が神経痛のように痛むのを栄養が取れていないためだと思っていたためであろう。

この足の痛さが刺激となって、意識が眠りの底から少しずつ抽《ひ》き出されてくると、どうも神経痛の痛みではないことが判ってきた。

すっと焦点が絞られるように、意識が浮上すると、足の痛みも激痛となって足全体が熱をおびているのに気がついた。

電灯をつけると、まだ十一時前である。寝入った直後ということになる。蒲団を取って起きようとして、はっと息をつめた。足の処に百足《むかで》がいるではないか。大変なお客様だ。ピンセットで取って外へ逃がそうとするが、なかなか摑まえられない。キュッ、キュッと鳴いて走る。えいと力を入れて摑える。そのまま廊下までもってゆく。ピンセットに挾まれたまま、百足はキュッキュッと鳴く。可愛い声だと思うが、外へ出てもらう。

跛《びっこ》をひきながら、アンモニアを出して治療する。腫れが大きくならずにすみそうだ。このアンモニアは、四国の十三番霊場の大栗師に教えられ準備したものである。よかった。本当によかった。もしアンモニアがなければ大変なことになって、一晩中七転八倒しなければならなかったかもしれない。大栗師に感謝しつつ何度もアンモニアをつける。師のお陰である。百足には玉ねぎのすったものもよく利くが、ここは弥山である、精進以外は持ち込めない。

十センチはある百足であった。よく部屋で見かける夫婦連れの百足ではない。彼等とは奇妙な共同生活をしていて、たまに顔を合わすが互いに無視していた。今日のは多分、以前に砂糖の中にいた片割れであろう。今ごろになって、夫婦の別かれた片方を捜しに来たのだろうか。鹿に食べさせてしまった因縁で、私が足を刺されたのかと思ったりす

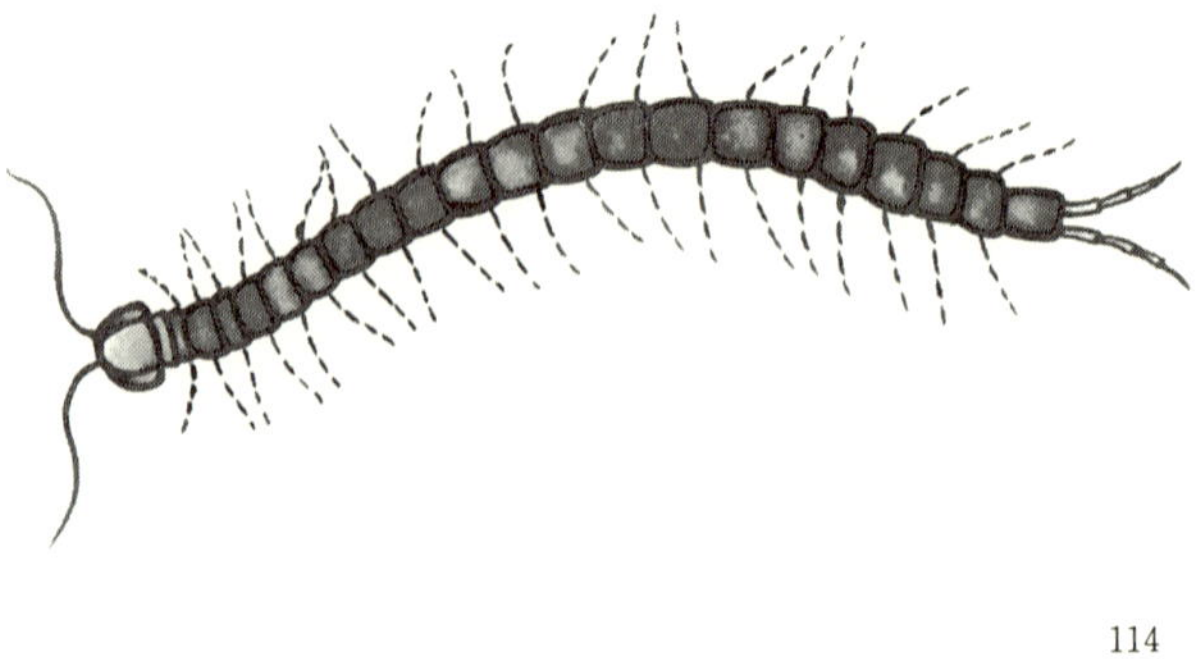

る。これから寝るのも少し恐怖感を感じるだろう。

ああ、一騒動だ。

というわけで、後夜の入堂が遅れた次第。

足の痛さが刺激となったものか、集中力があって、一気に行が終って予定より少し遅いくらいで出堂できた。

今日は七夕であった。昨日から、雨降りである。降るべき時に降ると、人は天の恵みという。今年は雨が少なく本当は雨のほしいところだが、七夕の日の雨は人には喜ばれないだろう。

この弥山はやはり深山である。梅雨の雨は霧を呼び、一日中木立の向こうが煙っている。時に霧は、わずかな風にも吹かれて部屋の中に流れ込む。家の中のすべてが湿り、金属にはうすく、水滴がつく。こういった天気は百足の好むものだと聞いた。できるなら、昨夜のようなことは勘弁してもらいたい。足を引きずりつつ、初夜の行法の用意をする。

堂内は霧に閉ざされた空間。静かに時が移ろう。道場を包む空気が、重量を増しているように感じる。何か意思のある粘液が、周囲の壁より滲み出て壇上のものを浸してゆく。所作のすべてが緩慢になり、時間もゆっくり流れていると思える。あるいは、霧に閉ざされた霊気を含む別の時間の流れの中で私は坐している。堂内のすべてが浮力を持って、この空間の中を時間に流され漂う。このことが真実であって、堂外の姿があくまでも仮であると思える。

初夜の出堂、九時すぎ。

常に仏と一体になり、自浄の自己を覆うものを除き、本来の自己として存在するには、言葉として〈一切を捨てる〉のではなく、この父母《ふぼ》所生《しょしょう》の肉体を含める人間としての自分を捨てることが必要なのだろうか。しかし、そうすれば大師の〈即身成仏〉の教えと相反するように思える。

大乗仏教の基本的な経典、『大般若経』五七二陀羅尼品に

天王、まさに知るべし。諸々の仏世尊を供養せんと欲するものは、まさに三法を

修すべし。一つに菩提心を発し、二つに正法を護持し、三つには教えの如く修行するなり。

天王、まさに知るべし。もしよくこの三法を修学するものは、すなわち、名づけて真の仏を供養すとなすことを得

とあり、また小乗仏教の理論書、『十住毘婆娑論《じゅうじゅうびばしゃろん》』には、

もし人ありて、香華等をもって、仏に供養するも、仏に供養すとは名づけない。もしよく一心に不放逸にして親近し、聖道を修習せば、これを諸仏を供養し、恭敬すと名づく

と説かれる。

確かに発菩提心を第一にあげるのは大乗仏教の特質であり、聖道を修することを最重要視することは小乗の特質であるという。とすれば両者に共通する〈諸仏の供養〉とは一体何だろう。学者の説明によると、大乗仏教の菩薩乗が如来供養《プージャ》（それは三宝供養をも含むものであるが）を中軸として密教を志向したという。つまり〈供養〉という

ことが小乗から大乗、密教へと装いを変えながら修行の軸としてあったと考えられる。もう一つ学者の説明では、〈供養〉ということが古代インドから非アーリアン系のものであったという。アーリアン系つまりバラモンの宗教では供犠《ヤジュナ》というものがあって、供養と区別されている。仏教も供養を供犠とは相容れないものとして、考えているという。

仏教以外の世界の宗教が、供犠という儀礼をもっていることは重要である。それは西欧のキリスト教やイスラムの宗教、また西欧文化の源であるギリシアの宗教、特にそれらの原始形態に共通する宗教行為である。その供犠に共通のメカニズムといえば、破壊的な行為をともなった犠牲《ぎせい》の神聖化、あるいは神聖な犠牲というものを要求するもののようである。

仏教では供犠は認めない。犠牲を要求しないのである。仏教では相互礼拝という思想があって供養というものが供犠の代わりである。

この供養を学者は、広大無量の福徳・善根を得させる善巧方便であると説明している。つまり、供養は福徳を生ずるものであり、悪趣におもむかず、佛道を成就するための福徳であるという意味だと考えればよい。

だから仏様へ供養する場所である寺の本堂は、どこでも壮大で壮麗で、威厳に満ちているものである。

密教はこの供養という思想を、儀礼の実践とともに華麗に完成させたと考えられる。実は、私はそこに密教の秘密があると思っている。事相という密教の一面を、この供養をはずして考えるわけにはゆかないからである。などと今日は次つぎ考えてしまう。時間がないといいながら、私も結構いい加減なものだ。饒舌な筆はもう休めよう。

行法中は本来、行以外のことを考えないはずである。もし何か考えるなら、それは人間の垢である。

七月八日（雨）

後夜の行法のことである。三時過ぎだと思う。正念誦に入っていた。道場観のところで白浄なる月輪《がちりん》を想い、そのまま自分が月輪になれそうな気がして、そのまま正念誦を修したわけなのだ。私は汗をかき始めた。この時間から、一日で一番気温の低い時となる。

まず、数珠を持つ手が汗ばんできた。その内、体全体が熱ぽくなってくる。別に、興奮しているわけではない。額にじっとり汗が滲み出した。

私の背後に不動明王の火炎があって、それを私が背負っているといった方がよいような気がする。一種の幻覚を見ているような感覚がある。私の肉体と肉体を包む皮膚の間に熱の帯があって、それが背に貼りついているような感じでもある。そのくせ腹の底が妙に冷えている。

今までも時には、行法中に汗をかいたことはあるが、今日の背後に火炎が貼りついたような熱さとは異なる。あの風邪をひいた時の熱とも異なる。風邪の時の熱は思考が鈍っているというが、何かボーッとした感じであった。しかし、今日の熱はかえって思考を鮮明にするといった方がよい。

まるで不動明王の火炎が、私の不浄なものを焼いているようだ。私は白浄なる月輪の中へ、渦巻く炎とともに流れ込む。私は白熱化して月輪と一体になる。と、そのような幻覚というか幻視を視た。これは「見える」というのではない。「視る」のである。意識の輪郭が鮮明になって、私の意志をもって白熱化した私を視るのである。

数珠を送る親指の上に汗が噴いている。やがて東の窓から射してくる朝の明るさに、汗の玉が次つぎ輝きながら如法衣の上へ落ちる。私の体は白熱化しているのに、その一毫《いちごう》外の世界はかえって冷ややかで、一種楚々とした時間に隈《くま》取《ど》られているらしい。

そんな私の想いを突き放すように、指は数珠を送り、口は真言を紡ぎだす。白熱化した私は、外の世界から真言を誦す声を聞き、他人の指のように数珠を繰る指を見ていた。

念誦の数が一萬遍を過ぎ、追加の五千遍を過ぎても口も指も止まらない。私はただ、それ等を他人ごとのように見ていた。どういうわけか、何の不思議さも感じず、続々と繰られていく数珠を見ながら、口は真言を唱えているのが自然で、無始よりこの方そうやっていたようなのである。

ふと、ああ、この行に終りはないのだと思った瞬間、ぐっしょり汗をかいて坐している自分に気がついた。あまり長く坐していて、足が延ばせないのをゆっくり手でもみながら降壇して出堂。

部屋へ帰るともう十二時前、慌てて蕎麦スープを作って飲む。あまり食欲はないが、このくらいは腹へ入れないと、残りの行法に耐えられないかもしれないと思い、咽へ流しこむ。


一時入堂、初夜の行法。

後夜の時のようなことはなく、静かに行は修せた。唱える真言が外から聞こえるのは、もう珍しくない。といっても、いつも同じような聞こえ方ではないようだ。唱えている私の位置や聞いている私の位置が、その時その時によって異なっている。また、そのような状態の時間の長さもまちまちである。

九時前出堂。

弘法大師の御遺告《ごゆいごう》を書写して床につくつもり。

特に「大政官符《だいじょうかんぷ》案《あん》并《ならびに》遺告《ゆいごう》」（承知元年十一月十五日）の、

> 教法を守れ、……。吾れ入滅に擬するは明年三月二十一日寅の剋なり。もろもろの弟子悲泣をなすなかれ。

の項を心にとめている。この予告どおり、大師は入定された。それは大師の意志であって、そのことを強調されたに違いない。教えを守れ、泣くな、と言葉を与えて下さった。これは、信じろということなのである。後夜の行法の時、私は自分が白熱化した思いがある。教えを守り、泣かず、信じて行ずれば、自身が白熱化するのだと、その理由は言葉にできないけれど、そう感じた。

このまま、このまま残りの行を修してゆこう。

七月九日（晴ときどき雨）

一時少し前に起床。結願まであと二週間をきったと思うと、頭のどこかに妙に興奮した部分が生じて、昂《たかぶ》ってしまう。九分を半ばとせよ。より心して行じていこう、と興奮している部分にいい聞かせる。

早く水を浴びた方がよい。そう思って部屋を出る。廊下を歩くと、毎度のことながら、夜気に冷えた板から足を伝わって霊気が注入される思いがする。

歩々に八葉の蓮華の上を踏んで

というのは道場に向かった時の観想だが、実はもうここからその思いが私の内にはある。今日も星が見えず、一切の明かりがないが、足はコンピュータのセンサーを内蔵した機械のように動く。廊下が終ると階段を降り、本堂の前でいったん止まる。本尊虚空蔵の真言と普礼真言が口から自然に流れだす。といった塩梅《あんばい》。閼伽水を汲んで本堂に到り、横の階段から廊下を通って道場へ着く。弾指《たんじ》をして日月輪の観想を両眼にして、堂内へ入る。

今日、気がついたのだが、この行為のすべてが、目を開けずにすませているようだ。外界にほとんど光がなく、今日のように星さえなければ、外は真暗闇といってよいほど。だから目を必要としない、といっているのではないのだ。

私の目が外界を見ているのではない。私の体が、外界の刺激を自分のなかに納めるというのではない。やはり、何か他の存在が私をして、私の目、体に外界の刺激に対する反応と同じものを与えているのである。

ようやく、そのことに気がついた。

後夜の行法が終って部屋へ帰ると十一時五分。

急いで食事をする。といっても食欲はないので、自分に体がもたないぞ、といい聞かせて食べる。このごろは、量が減ったので、もともと少ない通じがない。まるで断食をした時のような感じだ。一層のこと断食をしてもよいと思うが、この体力で結願までもつだろうかと気になる。

食事もそうだが、日常の他の行為も、何かに削《そ》がれたように私の生活から離れていっている。部屋の清掃とかいったものを一切しなくなっているのに気がつく。清掃を必要としなくなってしまっている。削《そ》がれたというのは、そういうことなのだ。

初夜の行法、一時入堂。

一種待ち遠しさをともなって入堂。何を待っているのか。結願か。この思いはよくない。執着だ。この行が苦しくて耐えられなくて、早く結願よ来い、とは決して思っていない。それどころか心のどこかでは、このままこの行を続けたいとさえ思っている。この行を修せられる人間という器に生まれたことを有難いと思い、このまま死んでもよいという思いもある。にもかかわらず、待ち遠しい。

私の内部に、結願へ向かってラストスパートの衝動の滾《たぎ》りが生じる。そのことに、とまどいを覚えているというのが正直な感想である。だから、より以上に心して行じなければならない。

正念誦に入ってしばらくした時のことである。真言を唱える声が前から聞こえてきた。他から自分が唱える声を聞くのは、もう珍しくはない。しかし、確かな存在感をともなって目前から聞こえてきたのは初めてである。

それは、本尊から聞こえてきた。直径一尺六寸の月輪形の楓が、スピーカーになったような具合なのである。本尊の目だけが鮮明に見えている。はっきりした、現実感を与える声が聞こえてくる。本尊虚空蔵菩薩が唱えておられるとしか思えない。私は、目を合わせたまま身動きもしないで行法を続けた。

そうやって後夜の行法は終った。

堂を出る時には、今朝の興奮は周りへ拡散していったように治まっていた。ただ、身体のどこかに残火があってチロチロしているのが判る。

先日より時々行っている闇の中の坐禅をしてから床に入ろう。香を焚いて、電気を消して、静かに部屋で坐禅をする。数息観《すそくかん》より始めて、気の落ち着くまで坐すのである。早ければ五分ぐらい、長くても二十分ほど坐ると大変気が落ち着く。

香のにおいが如法衣《にょほうえ》から下の白衣《はくえ》にまで染みている。恐らく普通の人の前を通り過ぎるだけで、その人には寺の本堂へ入った時の香のにおいを与えるに違いない。だから、俗世のにおいの残っている部屋に興奮するのだろうか。などと神妙なことを考えたりするのだから、始末がわるい。本当は、無意識だが私がそうあればよいと考えているが故に、そうすることで落ち着くに違いないのだろう。

七月十日（くもりときどき晴）

昨日は気が昂《たかぶ》っていた。多分床に着いたのは、十一時を過ぎていただろう。にもかかわらず、何度も目が覚めた。スーと眠りに入った途端に、目が覚めるのである。

それを何度かくり返し、一時過ぎに起床する。

入堂は予定通り二時。

今日は体に力が入らず何かフワフワして、具合がよくない。寝不足か。そんなことをぼんやり考えながらの入堂であった。

朝の勤行を了えて、再入堂した時であった。あたりまえのことだけど、気がついたというより、私にとっては発見したといった方がよい。

「吸ったら、吐かなければならない」

そのことであった。

人は、呼吸とは息を吸うことだというだろう。しかし吸ってどうする。吐くのだ。結局、吐かなければならない。吸ったまま、そのままいることはできない。つまり、吐くために吸う。

このことに思いが到った時、私の身はぶるぶると震え始めた。何かが判りかけた。何かがつかめそうだ。という切迫した思いが胸いっぱいに膨れあがり、息苦しい。

私達が生きるということ。いや、すべてが無常だという教えの意味が…。変化する、移り変わるということは、吐き続けることなのだ。たとえ吸い込むという行為があっても、それは吐くために吸うのである。

如来が慈悲を垂れたまうのも、自然の恵みという現象もまたこれすべて、吐いているという行為の現われなのではないか。

吸うために吐くのではない。吐くために吸うのだ。これが呼吸であり、生きるということなのだ。生活の行為のすべても、他に施すために施されていると考えるべきだろう。それだけではない。私が唱える真言も、唱えるために教えられたのである。知識のすべてが、智慧のすべてが、経験のすべてが、吐かれるために与えられたのである。

これこそ、如来の慈悲でなくて何であろう。

人身が仏法を聞く唯一の器である謎も解けた。人身が〈即身成仏〉する器だからである。この身に即して成仏する。この一点のため、人身は仏法を聞く唯一の器たりえているのに違いない。

吸ったら、吐かなければならない。この事実を私達は見過ごしやすい。それは、吐くという行為より、吸うという執着に気を奪われる。せいぜい、吐くことに思いが到っても、吸うためには吐かなければならない、と考えるからである。だから吐くために吸うというような、吐く側からの視点は欠落している。

事実は異なっていた。吐くために、吐くためにこそ吸うのだ。どんな場合のことを考えても、このことは事実に違いないと思える。

私は、本当にぶるぶる震えながら登壇した。継続作法をして登壇した私は、今までと同じ行法だとは思えなかった。別の行法を始めたような新鮮さがあって驚かされる。初めて登壇した時のように、所作の一つ一つが意識されている。

出堂したのは十一時半近くであった。

蕎麦スープをゆっくり作って、一口一口ゆっくり飲む。一日、この一杯で十分だとさえ思う。飲み了って写経一巻。この後、本堂横の階段に腰をかけて薄日の射す右手の三鬼堂を眺めていた。院代さんが参詣の人達を案内するため、三鬼堂の左の道をあがってきて会釈する。その時、私はどんな態度であったかを思い出せない。その風景を映画の一コマのように眺めていたはず。多分、無表情にしていただろう。

久しぶりに人を見たように思うけれど、かえって、どんな状態ででも誰とも会いたくないと思う。私にとって吐くことは、今真言を唱えることである。このことで何か吸うものがあれば、それはまたどこかで吐くことなのだ。

初夜の行法、一時入堂。

所作は淡たんと進み、予定通り八時半出堂。

写経が終って、香を焚き坐禅。今日の一日をかみしめながら坐る。

闇の中を蚊が飛んでいるらしい。羽音がやたらに大きく聞こえる。一種、透明な音で脳天を突くように飛ぶ音である。

七月十一日（雨）

露が降る音を聞きながら閼伽水を汲む。本当は露が降る音なんかはしないはずなのに、閼伽井のところで星を仰ぐと、皮膚やひげの一本一本へ露が降るのを感じた。気配という方がよいかもしれないが、私は音が聞こえるように思った。

閼伽水をこぼさないように、坂道を道場の方へ上る。

二時入堂、後夜の行法へ入る。

私の中の深いところ、その水入らずの閉じられた場に私が住みついている。そこに濃密な対話があって、その対話には息苦しさを強いられず、私のすべてを任せている不思議さを味わった。

十一時出堂。

無心に行法を修せられていると思う。食欲なし。蕎麦粉を練って白湯で流し込む。

今、日記をつけていて判ったが、結願まであと十日あまりである。断食をしよう。十日ほどなので、何とか体力も耐えられるであろう。たとえ倒れてもよいとも思う。大師がこの行を修された時は、どうされたであろうか。大師も含め、そもそも求聞持の行法について、体験譚はあまり残っていない。

とにかく、次第があるので次第どおりに修してゆこう。数多くの先師達も、このようにして大師のみ教えや思想に思いを深くひそめていたに違いない。大師の残されたものを真摯にそのままやってみること、またそのままを受け入れたい。

七月十一日

この行に入る直前だったと思うが、ある学者の説を目にした。記憶は詳《つまび》らかでないが、確かこうだったと思う。それは、『万葉集』とか古代の日本文学の読み方だった。人は現在の時点に立って過去の残されたものを読むが、それはよくない。例えば『万葉集』の中の言葉で判らない言葉が出てくると、日本式に訛《なま》った和製漢語だと判断するが、それがよくない。もっと謙虚に読む必要がある。当時の文化水準からいって、そんなに和製漢語ができるわけではない。少なくともその学者の発見した中国の当時の俗語等から、和製漢語だといわれ、意味のあやふやだったものがはっきりした例があるという。

同じ学者の説だったと思うが、大師の文章にも、当時の中国俗語（あるいは流行口語といった方がよい）が多数あるという。しかもその幾つかは、少し後の時代になって中国の漢詩の中にたしかに現われてくるそうだ。

つまり、大師の文章は当時の漢文として、流行の上からも世界の最先端であったということだろうか。日本の文学、言いかえれば平安の文学は、大師の持ち帰った最先端の密度の高い文学から出発したといってよいのではないか。大師が撰述された『篆《てん》隷万象名義《れいばんしょうめいぎ》』を思い出すがよい。これは中国の辞書をまとめたもので、日本最古の辞書でもある。中国の修辞学をもとに詩論を集大成された『文鏡秘府論《ぶんきょうひふろん》』が大平洋戦争後すぐに北京で校訂本が出版されたことにもっと注目してよい。

そうすれば、平安の文学が勝れていたことも頷《うなず》ける。当時の世界最高の文学（これは今でも同じだと私は信じている）であった大師の文学から日本の古代文学、いいかえれば平安の文学が出発したのだとすれば、あたりまえのことなのではないか。そう考えれば、他の世界の国々より何百年も魁《さきがけ》て、長編小説しかも勝れた長編小説である『源氏物語』が、日本に突然生まれた謎も解けるではないか。

そうだ、この大師についてゆく。次第通り、忠実にやってゆこう。あと十日あまり、断食もしてみよう。もしだめなら、その時やめればよい。そう決心する。

七月十一日

一時、初夜の行法に入る。

静謐《せいひつ》な空間と時間の中にあって、本当に静かに行が修せられる。淡たんと進む行、ふと気がつくと、榧《かや》の葉を指挿んで撥遣《はつけん》作法に入っていた。

八時過ぎに出堂。

初夜の行法が、あっという間に終ったようだ。

今日は、寝る前の坐禅は廊下へ出てやってみた。西を向いて坐る。左手に曼荼羅岩が黒く大きく見える。

この岩は上が数十畳ぐらいの平らになったもので、そこに仏が線刻されていることから、曼荼羅岩と呼ばれている。仏といっても、弘法大師が梵字などを入れて、「三世諸仏天照大神宮正八幡三所三千七百余神云々」と刻まれたと伝えられる名岩である。

夜空が美しい。明日はよい天気だろう。

七月十二日（くもりときどき雨）

一時ちょうど起床。昨夜はよく眠れた。このごろ床から起き上がる時、身体が軽く感じる。まるで重力の鎖が断ち切られて浮き上がるような感じなのだ。

蒲団をあげながら、無意識に「大金剛輪陀羅尼《だいこんごうりんだらに》」を誦していた。ひょっとすると、心の深い部分でいつも、この行の仕方に誤りがあるのではないか、どこか過っているのではないかと気にしているのだろうか。行法の誤りや、不足の部分を補う功徳をもつ「大金剛輪陀羅尼」を誦して、救いを求めているのだろうか。そうではないことを祈る。心の奥の奥までこの行を、大師の残された次第を信じなければ、結願成満は望めない。そのことは十分に判っているつもりだ。

星を頼って山路を下り、閼伽水を汲む。このごろは慣れたはずの闇が気になる。恐いといった方がよいかもしれない。

二時入堂。

東の窓が白《しら》じらする少し前であったと思う、私は、自分の体の中を流れる血の音を聞いた。坐した足の先から背を通って頭へ血が駈け登っている。血と血が先を競って、頭へ流れ込んでいる音であった。

少し高い、軽い音である。細胞から細胞へ、毛細血管を通って流れる音である。自分の体のどこに血管があって、というようなことがまるで人体見本を見ているように

判るのだ。そうやって血管を流れている血が、背骨を通って頭へ軽やかな音とともに流れ込む。

窓から入る光が、明るさを増してゆく。光に誘われて色彩が鮮明さを獲得してゆき、道場内のすべてが生まれ変わってゆくようだ。血の流れる音も、光に誘われるようにより軽やかになってゆく。鈴を振るような音だが、それとも少し異なる、全く新しい音楽を聞くようで、それも私の知らない楽器が出す音色ではないかと思われる。

もともと、音楽とはこの人間の身体から一歩も踏み出したものではない、とそのように思われる。新しい音楽に対する理解だといえるかもしれない。

勤行の時間が近づいた時、血の流れる音が突然聞こえなくなった。軽やかな音がたかまっていって、突然、それはなくなった。私は無音の世界へ放たれたのである。事実しばらくは何の音も聞こえなかった。かろうじて、私の誦す真言の声だけが、音の失われた空間へ吸い取られていた。

この時、私は冷静であったが、私の中のどこかに今まで感じたことのない恐怖が生じていた。それは、音のない世界、唯一の音が自分の発する声だけという世界に対する恐れだったと思う。

ずい分以前だったような記憶だが、かつてベトナム地方の戦争で枯葉作戦とかいうひどいことが行われた。その時、除草剤が飛行機かヘリコプターかで多量に散かれたらしい。問題はその後である。その作戦が決行された地域についてその後の調査の報告を何かで耳にしたのであるが、南方の緑生い茂り豊かであった地方が砂漠のようになっているという。しかも、元へもどすには二百年はかかるらしい。

私がこのことを思い出したのは、実はこの地域を調査した人の話を思い出したからである。

その人の話はこうだ。南の暑い陽が照っている、見渡す限りの砂漠のような荒地に立った時、不思議な思いがした。緑とともに、生きとし生きるもの、動くものも失われて、そして、音が消えている。調査隊の人達の話し声以外、文字通りすべての音がない世界。全員がついに恐怖を感じたという話である。

その話を聞いた時、私はそれを人類の業《ごう》だと思った。その業を背負った一人として、失われたものに等しく責任を感じ、冥い恐怖に手を合わせた記憶を今また思い出している。

血の流れる音がたかまって突然消えた時、私の声以外の音がいっしょに奪われた。無音の世界に独り残された恐怖が、ベトナムの枯葉作戦を調査した人の恐怖へ重ねられ、私は人の奥底にある業が闇を放射していると感じた。その闇がすべての業の底に共通しているのではないかと思えた。この日記を記していて、あの話を聞いた時感じた冥い恐怖は実は、結局このことだったと思う。

七月十二日

十一時出堂、後夜の行法了る。

今日から断食に入ったので食事をする時間の分だけ余裕ができる。

昨夜の坐禅の時、印象に残った曼荼羅岩で坐禅をしよう。そう思い廊下より降りて、岩に近づき、登る。

平らになった岩の上で、結跏趺坐をしてみるが、岩の上は痛い。半跏趺坐にして小一時間。緑を渡ってくる風は清《すが》すがしく、体の奥に沈殿している垢が洗い流されるようで気持ちがよい。

さっぱりした気分で入行準備をする。

一時入堂。

後夜の行法の時のようなことは、もうなかった。あまり意識することなく念誦は繰られ、静かに行が修せられた。

白湯を一ぱい飲んで寝る。

七月十三日（雨）

昨夜は白湯を飲んだ後、どうやって寝たか記憶がない。目を覚まして自分が床の中にいるのに気がついた。一時十分起床。

沐浴をすると体が目覚める。初夏とはいえ、深夜の山中、水は冷めたい。体が引きしまるのが判る。閼伽水を汲み入堂。

昨日と同じ時間だと思う。また血が流れる音が聞こえる。今日は数珠を繰る指先から軽い音をたてて血が首へ流れ込み、そのまま血と血が先を競うように頭へ駈け登ってゆく。昨日の音のないベトナムの荒地のイメージが私を補える。

砂漠のイメージが透明になってゆく。透明砂漠の中に一人で佇んでいる私。その回りを、透明な砂が音をたてて天空へ舞いあがっていくイメージがある。

血の流れる音と、真言を誦す私の声がハーモニーして妙な気になる。確かに現実感をともなって音が聞こえるのだ。

本尊が大きく拡散して透明な砂漠になって、透明な砂が音をたてて舞いあがるのは、単なるイメージではないかもしれない。私の中のもう一人の私が踏みこんでいる別の世界があって、その世界が私に透明な砂漠のイメージを与えているのだろうか。砂漠の中に佇んでいる私に問うてみようとするが、どうやればよいか判らない。

胸苦しさと、ピリピリした印象だけを残して後夜の行法が終った。どうも具合の悪い行法であった。

七月十三日

一息してから廊下で坐禅をする。私の場合、坐禅といっても密教禅ではない。もっとも基本的な数息観《すそくかん》である。心気を調えるための釈尊も修した観法である。息の出入を一つの単位として、これを十以上は数えない深く長く息を出したり入れたりする。

私は密教の行者なので、少し密教的にする法を授かっている。まず、𑖀《あ》を観じながら息を吐く、𑖮𑖳𑖽《うん》を観じながら息を吸う。これを一から十まで数えて、また、一から十までと何回もくりかえす。

以前からよくこの数息観を修したが、吐くために吸うということに気がつかなかった。密教に親しんでおれば、何故吐くことが𑖀なのか考えればよかった。密教の教えが吐くために吸うことをはっきり示していたのだ。阿字本不生《あじほんぷしょう》、つまり密教では、すべてがこの𑖀字がもとであるという。

　一切語言《いっさいごげん》の根本

であり、

　一切智々《いっさいちち》なり

ということになり

　阿字は是れ一切法教の本なり

である。この𑖀の一字に端的に直参する坐禅を阿字観という。これを真言密教では深秘の観法として大切にしている。

阿字観という観法は、シャマタつまり外界の刺激からくる心の働きを静める〈止〉を通じて、ヴィパシャヤナーつまり正しく直観する〈観〉を定めるのが基本である。

本来なら私も阿字観や月輪観等の密教禅をするのがよいのだろうが、行法中は月輪観、字輪観という密教の観法の連続だといってよいほどなので、数息観のような基本的な観法の方が落ちつく。

初夜の行法、一時入堂。

今日は、どうも具合が悪い。廊下の坐禅などは大変心が落ちつく。にもかかわらず、道場の行法はどうも具合が悪い。

妙なイメージが私を捕える。私は静かに行法を修している。私の体は、といった方が適切かもしれない。口は真言を唱え、指は数珠を送る。しかし私の中にもう一人、いや一人ではない。複数の私が、続々と妙なイメージの世界に佇んでいるのが判る。中には動き出す私もいて、天空の見えないほど上へあがっていってしまった私もあり、足元の冥闇へ沈んでしまった私もある。

七月十三日

蝶が飛んでくる、というのはこういうことなのか。イメージが溢れている。私の意志にかかわらず、行法が勝手に行法を了えたというのが偽らざる告白である。何か瀑流《ぼうる》のような激しさで運ばれてゆく。そんな気がする。

七月十四日（雨）

本当に足、いや体が軽くなった。閼伽水を汲むのも飛んでいきそうな気がして、恐い。

一時、後夜行法入堂。

淡たんと進む行法。意識しないうちに了る。イメージは次つぎ湧いてきたが、そのイメージに私は捕えられず、修せたと思っている。

十一時二十分出堂。

雨なので、曼荼羅岩へはゆけず、今日も廊下で坐禅をする。

雨音が心地好い。息を短かくして、雨音に合わせる。長く坐りすぎて、初夜の行法に遅れる。慌てて入堂準備をする。


二時二十分入堂。

焦って戸を開けた途端、真赤な鶴が目前を飛びたった。鶴は白いはずだ、とその時は色のことに気がとられた。これは幻想かもしれない、などとは思わなかった。

なぜ鶴なのかというようなことは、判らない。どこに鶴がいたのか、飛び立ってどこに消えたのか、今になって疑問が出てくる。そもそも、一瞬の錯覚であって、本来ならこんなことは書き残すべきではない。しかし、あまりにも鮮かな鶴の出現であり、真赤な色も鮮烈な印象の記憶になっているので書き留めておく。幻覚の蝶が飛ぶということを人に聞くこともあるが、私の場合真赤な鶴だったと笑って人に話せることなのだろうか。

初夜の行法は、この突然の現象から始まった。しかし、弾指して道場内へ右足を踏み入れると、もう鶴のことは忘れて、すぐにいつもの行法が修せた。鶴の出現はかえって、行法にまといついていた無駄なものを剝いでしまったようである。何かすっきりして、骨格をはっきりさせた行法であった。チェンジが軽い、朝のドライブのようだといえばよいか。

ただ念誦が了ったころから、道場内の音がやたらに大きく聞こえてくる。六器のふれる音から始まって、如法衣のこすれる音まで耳を強く打つ。降壇する時には足の関節のなる音が道場内に響き、その残響が頭の上から降ってくる。

神経が過敏になっているのだろうか。今日は幻影?を見たり、普段は聞こえない小さな音が耳に痛いほど大きく聞こえたりする。不思議だというより、神経がまいってきて、過敏になったと考えたい。

初夜の行法八時半すぎ出堂。

少し疲れたようなので、早めに床につく。

七月十五日（雨）

昨日は浅い眠りの連続であった。

一時起床。二時入堂。

行法に入ってすぐに、頭と体に距離感が生じだ。首が飛ぶというか、ろくろになったようなイメージである。私の意識だけが上昇しているといった具合。体との距離感は次第に大きくなる。手や足などはずっと下の方にあるような気がする。手や足が受けた刺激が意識に届くまで随分時間がとられる気がする。それはちょうど意識が遠のく時の感じに近い。ただ、意識というか、この行法を横で眺めているもう一人の私は逆に、いよいよ鮮明になっていく。

人が意識を失うのは、耐え難い、肉体や精神的な苦痛を切り抜ける手段だといわれる。私は、この行法を耐え難いなどと思ったことはない。だから、この気の遠くなる感覚は別のものである。その証拠に、意識はますます冴えている。ただ外界の刺激というか、それが意識されるまで距離がある気がする。足などが頭からずっと下の方にあって、ますます離れてゆく感覚といいなおした方がよい。

そんな私の感覚と同調せずに、体は行法を進めている。そうして予定通り、十一時に出堂する。

今日も小雨である。廊下で坐る。水たまりに雨が降って、雨花の園。その水たまりを眺めながら息を数える。雨の日は冷気が、底冷えといった方がよい冷気が坐っている下半身を包む。半時間ほど坐っていると、何も入っていない腹がそれでもぐるぐるいう。部屋で休むことにする。

一時入堂。

念誦の時、真言が悉曇となって見えることがある。行者の口から出て本尊へ入り、本尊から出て、行者の心月輪に入る輪になるのである。しかし今日は、この悉曇の輪が途中で捻《ねじ》れ出し、あの四次元の輪のようになった。表が裏に、裏がいつの間にか表になっているというあの輪である。数学等に使う無限を表わす記号に似たあの輪の形になって真言が見える。

私は、それを不思議だとは思わず、かえってくるくる回る輪とリズムを合わせて真言を誦していた。

そうやって初夜の行法は了った。

あんなに少なかった蕎麦粉でも、食べた方がやはり体力になっていたのだろう。行法が一座終ると、ぐっと疲れる。今日もなるべく早く床に入りたい。

七月十六日（雨）

一時少し過ぎて起床。あと残りは一週間を切った。

沐浴をするため本堂横から下へ降りようとして、自分の部屋をふり返った。

そこに、私が過去においてきたもの達のうごめいている闇を発見した。常に見慣れた闇が変身しているのに気がついて、突然私は恐怖にとらえられた。

私の歩いている跡に、その足跡の一つ一つから私の抜けがらが滲み出て、闇をより暗くしている。本当に心底、恐いと思った。恐怖が私の足を竦《すく》ませ、ふり返ったまま闇から目を離せず、深い荒い息を吐いた。

闇がいよいよ暗く冥く、私と堂などの建物を押し包み、山の木々が一際大きく迫り上がり、私は小さな存在となって足を竦ませている。頬にまで鳥肌がたった。無理に沐浴場へ向かう。背に言い表わせない恐怖が張りついて、咽の奥で声にならない呻きが迸《ほとばし》る。闇に刺激を与えないように、つま先立ってそっと歩く。

そうやって、やっと沐浴場へ着くと、電灯をつけて、そっと後ろをふり返った。漏れた光がわずか本堂のあたりの輪郭を闇の中に滲ましている。

闇がこんなに恐いものとは知らなかった。

私はほとんど目を閉じたまま、閼伽水を汲み、入堂する。意識して目を閉じると、

七月十六日

慣れた道具も、私に他人行儀な表情を見せる。
いつもよりかなり時間がかかったと思う。入堂したのは、二時をかなり回っていたのではないかと思った。
普礼真言を唱えて登壇した時、気がついた。「象鼻《ぞうび》」とか「常随魔《じょうずいま》」とも呼ばれる魔がいることを思い出した。障碍《しょうげ》の意味で本来はビナヤキャともいう。だから、よく毘那耶迦《びなやか》の真言を唱える。軍《ぐん》荼利呪《だりしゅ》にすることもあり今回の次第はそうである。これは悉地不成の障碍を除くため。そのように口伝にあったことを思い出したのである。この魔の眷属《けんぞく》のなかには、修行者の身体に入って、修行する心を惑わせるものが多いという。

特に、先日より断食をして、結願へ一気に行を修してゆこうとした時ぐらいから、色いろなものに私は恐怖を覚えた。これは、この魔たちが私の弱さに取りついて成《な》せる技《わざ》かもしれない。

私は一心に毘那耶迦の真言を誦してから、後夜の行法へ入った。

登壇して、小一時間ぐらいだろうか、道場観を修していた時であった。声を出すわけではないが、「《タラク》字変じて」と口を動かした時、灯明が一瞬細くなって、闇の中から本尊が立ち上がる気配がする。

ああ、ご本尊がお立ちになる。

と思い、目を上げてはっとした。本尊のあるそこに、髭ぼうぼうの私がこちらを向いているではないか。鏡に写った私と対峙しているようだ。目だけが異様なほど光っている。行中は身体に刃を当てないので髪も髭もぼうぼう。沐浴の時、鏡に写る姿と同じ姿の私が壇上の私を見ている。驚いて思わず声を出してしまった。

するとふっと元の暗闇にもどって、目前には本尊を刻んだ月輪だけしかない。

そのことで、かえって後の行法は静かに進んだ。

十一時半ごろ出堂。

今日も廊下に座す。廊下といえどやはり深山である。曼荼羅岩の上に坐さなくても、山林修行をしているのと同じだと思える。

一時、初夜の行法入堂。

落ち着いた行法のようであり、何か心の騒ぐ行法のようでもある。出堂すると大変疲れている。

この日記をつけていて、真言とは何かが気になりだした。

大師は、密教は果分可説《かぶんかせつ》だといわれる。顕教《けんぎょう》（大乗仏教や小乗仏教）では果分不可説、因分可説《いんぶんかせつ》という。

果分—意識と存在の絶対的次元、つまり言葉の超えた世界を、可説—説明できる。

これに対し顕教は説明できない、というわけである。だから、仏の世界、悟りの世界に対して禅宗などは「不立文字《ふりゅうもんじ》」といって、沈黙の世界で対応する。しかし大師は、言葉を超えた世界が言葉を放つといわれている。法身説法《ほっしんせっぽう》といい、大日如来が直接語られる言葉があるといわれるのである。

普通、常識的な考えであると、言葉はもともと存在する事柄や物をなぞってあとから生じるというか、表言するため造られることになる。

ところが逆の考えだと、言葉の数だけ物があるともいう。大乗仏教の唯識学派の考えである。この考えを進めると、物と物の間柄まで言葉が規定している。つまり言葉の内在する意味が、存在を生産することになる。

古代インドの哲学者の言葉では「言葉こそブラフマンの実体である」といい、例えばキリスト教のヨハネ伝では「始めに言葉《ロゴス》あり、言葉は神であった」という。また、イスラム教の学者は「神が言葉として現われる」と説明して、カバリストは文字を神の意思として捉える。

そこで私は、存在は真言であると考えたい。古代中国で、虚空を音も色もなく吹く風は天籟《てんらい》というが、それと同じように意味が希薄になって音だけが巨大な存在となるものとして咒《じゅ》があると考えている。その咒の中で、仏の意志が、存在の意味の太古の淵から立ちのぼり、真言として経験的世界の次元へ出現したのではないだろうかという考えに到った。

七月十七日（くもり）

昨夜は、浅い眠りの中に漂っていたような気がする。起きると頭が重い。

二時入堂。

後夜の行法、今日は静かに進む。昨日までの色々なことが嘘のように淡たんと進む。

行場に仏のとばりが下りて、すべてが護られているようだった。

これこそ、行法基本六法の第一、荘厳行者法《しょうごんぎょうじゃぼう》の加持力なのであろう。有難く修する。

予定通り十一時出堂。

木立を渡る風に身を置きながら、曼荼羅岩に坐す。涼しい。髭や髪が風を受けて、皮膚を引っ張る。

この時、この私の肉体を包む皮膚がただ一枚で出来ていることに気がつく。私という肉体をたった一枚の皮膚が包み、その皮膚を通して外界から必要なものを取り入れている。

食べものであろうが、空気であろうが、知識さえもたった一枚の皮膚より養分を吸収しているのだ。おもしろい。

午後一時、初夜の行法入堂。

今日一日、頭は重い。しかし行法は淡たんと進む。しかし動作が緩慢になっているようだ。行法自体はそれぞれの所作がくっきりとした輪郭を示している。明確なのは明確であるが、そういった明確さがかえって距離感を与える。例えば厚い氷を通して池の底をのぞき込むような、ある種のほの暗い透明さを持ったものだといえる。

出堂少し遅れて九時過ぎ。

香を焚いて坐り、寝る前に白湯を一杯。

七月十八日（くもり一時雨）

今日で断食をして一週間。先日まで少しは思い出したように便があった。黒いタールのようなものがわずか。しかし、もうそれもない。ひょっとすると眠りが浅いのはこの空腹のためかもしれない。

一時、後夜の行法入堂。

もう、行中に障碍するものはない。如来の慈悲の加持力によって、魔の悉《ことごと》くが各《おの》おの慈心を起こし、行者を障碍することなし。そういう風に次第にある。

もし、行中に他の事に気がむくとすれば、結願が目前に迫っていることだろう。その事をいつも気にしたと正直に告白する。

一方で、結願したら、この経験を生かして他に利すよう活動してゆきたい。そのために、と考えることで、免罪を乞うているのだろうか。そうならば、それはよくない。しかし、それも仏は許してくれるのではないか。などと埒もないことを考えてしまう。

十一時過ぎに出堂。

今日も廊下で坐す。山全体が冷気の中、靄に煙っている。風が吹くと、木々の間を靄が走っているように思う。

少しゆっくり呼吸する。そうすることで、腹の奥に力が、わずかだが、沸き起こる。

坐禅、小一時間。

一時入堂。

初夜の行法。もう一つ一つの所作が、臓器のように私の一部となった気がする。淡たんと坦たんと進む行法。

八時半ごろ出堂。

ほんとうに疲れる。気を緩めるとその場に横になってしまいそうである。とにかく部屋へもどり、香を焚いて、机に向かう。白湯を飲む。この一杯が身のすみずみまで滲みる。

食するという行為が、肉体を養う。そんな風にも考えられる。あと三日。

七月十九日（雨のち晴）

昨夜は、南方にいるといわれるツェツェ蝿に刺されたように深く眠ってしまった。久しぶりである。一時起床。目を開く時がつらい。起きあがってしまうと、習慣のようになった沐浴、閼伽水汲みと、次つぎ動作が移ってゆく。

二時、後夜の行法入堂。

何かすべての所作が緩慢になっているようだ。高齢な人の動作のように、一つ一つ指が確かめ確かめ動いている。

正念誦に入り、数珠を繰るようになってやっと何時もの速度になった気がする。元の速度になったとか所作が緩慢だとかいっても、本当の早さはあまり変わっていないようだ。私の感覚として緩慢だと思うようである。出堂時間は常よりあまり遅れず十一時半。

曼荼羅岩にて坐禅を半時間ほど。空は奥の奥に暗闇を隠した秋のように透っていた。

大師も入唐前にはかなり長い間、山林修行されたという。この間の記録は残っていない。このごろ、このことを、大師の意志としてあえて山林優婆塞《さんりんうばそく》、あるいは私度僧《しどそう》であったと評し、反律令的な、世間に対する反逆である、という。そして、密教の秘密性と斬新性を即、反体制的なものに直結させて、大師の行為に重ねる。この考え方が今の密教ブームの一面であるが、私の考えでは決してそうではない。

学者は大師の残された『御遺告《ごゆいごう》』によって、大師の出家はご両親の反対がなかったどころか、ご両親の願いであったことを指摘している。事実、大師の帰国以降、大師の一族の縁者から多数の高僧が現われ、その後の日本仏教界を指導していることを考えればよい。恐らく、私の推測だが、当時、出家するには国家の制度として取り決めがあり、大師は出家ができなかったに違いない。例えば、出家得度を受けるには何歳以上とか、色々な資格があった。恐らく大師には資格が調わなかったと私は考えている。だからこそ、大師には仏のご加護があったとそこに思いが到った。

つまり、あの大師のご乗船された遣唐使は前年の遭難による失敗に対してやりなおされたものであり、大師はその年に出家得度され、補欠要員として出発間際にご乗船された。このことが仏の意志を語っているといえる。偶然の積み重ねにしては、計算された一つの線のようにみごとだ。

などと色々考えて坐していた。その他にも最澄和尚や、弟子の泰範とのことも、世間の風評を私は信じていない。特に、大師と泰範とは特別な関係があったなどという俗っぽい妄想があったりすると心痛める。もし俗っぽく考えるにしても、私なら泰範の近江の一族と、大師の讃岐の佐伯の一族の経済関係を頭におく。そうすると、泰範の力を強く求めた最澄和尚の気持ちも、高野山開創という一大事業の要に泰範のいることも説明がつくではないか。

私は決して、大師を我われの理解範囲に取り込んで考えてはならないと思っている。大師に関しては、あるがまま、そのままをまず真摯に受け取るべきではないか。

まさに知るべし真言の果は、ことごとく因果を離れたり、

と『即身成仏義』で大師はいわれる。つまり、真言の教えは、この経験世界の現象である因果律を離れていることをよく覚えておけ、というみ教えなのだから、我々の理屈に合うように大師に関することを変えて考えてはならない。

そんなふうに考えが今日は次つぎ浮かぶ。

一時少し過ぎて初夜の行法入堂。

九時、ようやく出堂。本当にやっと初夜の行法が済んだという思いだ。限界を超えている。香を焚いて、自湯を一杯飲もう。

七月二十日（雨のち晴）

一時起床。明日結願。そう身体にいい聞かせて、起きた。頭が痛い。断食による塩分の不足、という言葉が頭をかすめる。あと一日。

沐浴を済ませ、閼伽水を汲む。山路を歩くとひざがガクガクする。あと一日、そう言葉に出してしまう。

二時入堂。

途中、朝の勤行のために中断するが、すぐに降壇できない。疲れている。身体から、生物としての反応が脱けている。反応が著しく鈍くなったといった方がよい。本堂までの廊下が遠く感じる。勤行中、ただ、機械的にすませたといった状態で頭痛がひどくなる。

後夜の続きに入っても、何時ものように修せられない。何とか了って、十一時半出堂。

とにかく、無事成満することしか関心がない。今日も廊下に坐す。雨が景色のすべてを洗って、時間を流してしまうようだ。私は息を数えながら、時間がこの世界を置きざりにして別のところで流れているような気がした。それは、サティが作曲をした不思議な音楽のように、単純でありながら、とらえどころがない。

一時、初夜の行法入堂。

ひょっとすると、体力の限界を過ぎたのではないかと思えた。一つ一つの所作を意識して、意志をもって為さなければ進まない。気をゆるめると止ってしまう。指の一本一本へ意志をもって力を送り込み、意志の力で動かす。

そうやって、漸くして行法が了る。

ああ、あと一座。と思いながらも、動けず降壇できない。もうどんな意志の力ででも、指一本動かせないのではないかと思えた。やっと、落ちたような体裁で降壇。後始末をして、這《は》うように廊下を進み、日の落ちた外へ出る。結願作法の打合わせのため院代さんのいる庫裏を訪ねる。

院代さんは、結願作法以外にも結願のご法楽など付随するセレモニー一つ一つをていねいに指示してくれる。ここまで行法が進むと、細ごましたことに気が回わらない。明日のことは院代さんに任せよう。

この時、院代さんの口から有難いことを聞いた。九州などから、明日私を迎える人達が、すでに麓の大聖院本坊に集まっているという。H氏・A氏などの顔が次つぎ浮かぶ。彼等は白装束だという。その心がうれしくて思わず涙が流れた。そんな私を院代さんは口数少なく、微笑んで視線を投げかけてくれる。

院代さんの手を措りて庫裏を出る。本堂の前で立ち止まり、手を合わし、横の階段を一歩一歩登って部屋へ帰る。
香を焚いて、白湯を飲む。
筆を持つ力も弱く、指がいうことをきかない。

七月二十一日（晴）

一時起床、沐浴場へ向かう。結願成満の日。そう思うからか、見慣れたはずの回りの木々が、私の出合う最初の風景として目を捕える。私は心の中から沸き上がるものをかみしめ、かみしめ歩を進める。閼伽水を汲みながら星々へ視線を這《は》わせる。昨日までの雨が嘘のように美しい夜空だ。この時、かつて誰にも知られたことのない感覚に、突然触れられた衝撃があった。この奇妙なおののきが遠のいた時、始めて私の身体の奥に力が満ちてきたように思った。

二時入堂。

静かに行法が始まる。やがて、窓から射し込むわずかな細い光が、堂内へ明るさを満たしてゆく。

私が出合う最初の風景。

私の身体を光が包む。私の肌は白く粉をふいたようになって光の中に包まれる。入堂してしばらくしてから、背を冷水が流れるような感覚があって手足が冷えてきた。道場が明るくなって、肌が目に入ると、単に冷えただけではなく、実際にまっ白になっているのが判った。指先もかじかんだように冷たい。

しかし、行法の所作そのものには関係ないようだ。淡たんと進む。静かに数珠が繰られてゆく。

行法の所作以外、自由に体を動かせない。まるで機械のように体が淡たんと行を進める。そうやって、一気に百萬遍成満へと進んだ。最後の一句を唱え終る。数珠を合掌の中に納めて、頂《いただき》に捧げ偈文《げもん》を唱える。涙が、どうしてこんなに体に残っていた

七月二十一日

のかと思うほど流れた。

そうして入法界観《にゅうほっかいかん》、後供養へと所作が移ってゆくと、それに従ってまっ白になっていた肌に血の気がさしてきた。手先も色がさしてきて、撥遣作法、結願作法に入ると頬にも温かさが出てくるのが判る。まるで死人が生きかえるような具合だ。

今日、朝の勤行はなし。

昭和五十七年七月二十一日午前八時二十分降壇、出堂。

ここに、五十日間に渡る虚空蔵求聞持法が無魔《むま》成満することができた。


出堂と同時に、そのまま奥之院の大師堂へ向かう。中日の時とくらべやはり今回の方が時間がかかるようだ。体が軽い。

本堂と庫裏の間の山路を下りて上宮へ行く。前へ転びそうになりながら降りる。途中にあるこの宮島、厳島神社の上宮、御山《みやま》神社で手を合わせて、谷底へ降りる。降り切ったところから登りの山路となる。息が切れる。ひざへ手を当てて、一歩一歩登る。

大師堂の前へ額突《ぬかず》くと、またしても涙が流れる。無魔成満の報告とご加護の感謝をこめて『般若心経』七巻、御宝号千遍をあげる。帰りは少々きつかった。体は生まれ変わったように軽いが、息がつづかない。休み休み降りる。心の中で、「やっと、やっと……」無事成満したという言葉が木霊《こだま》しているようだった。多分、通常の奥之院詣りの倍以上の時間がかかったと思う。

帰って本堂のところに来ると、迎えの人達が集まっているのが判った。急いで、結願の供物を取ってくる。皆さんに頂いてもらうため本堂へ足を入れた。

そこには妻と白装束の十数名が私を待ってくれていて、目に涙をためた顔、顔があった。髭や髪が伸び放題の私に向かって、何かいいながら皆が寄ってくる。私は呂律《ろれつ》がまわらない。忘れてしまったように言葉が口から出ない。思うことが言葉にできない、といった方がよいのだろうか。

「これ、供物です、どうぞ」

やっとこれだけ、ボソボソという。

「ごくろうさん」

妻は確かそういったと思ったが、あと何をいわれたか記憶にない。

「言葉、ちょっと、うまくでない、ごめんなさい」

皆さんに向かってそれだけをいうと、本当にあと何もいえなかった。色々話しかけられたと思うが、内容や言葉に記憶がない。失語病になったようだ。中には無言で合掌して泣いておられる方もあった。

皆さんの挨拶をすませ、すぐ道場の後片づけをする。慈《いつく》しむように仏器を磨く。すべて、隅から隅まで清掃する。

そうしている内に、体と気持ちが少しずつ元へもどってゆく。元というのは世俗的といった方がよいかもしれないが、そのようになってゆく。多分、迎えに来た皆さんから見れば、とても正常な状態ではなかっただろう。

部屋へ戻ると妻が来た。部屋の清掃と荷物の片づけを妻に任せて、私は本堂へ向かった。この時、突然熱い思いが起こり思わず妻の方へ合掌。

待っていた皆さんと本堂へ入る。十二時ごろだったと思う。壇上へ上がって御法楽、理趣法を一座修した。

不思議なのは、経文や真言はスムーズに出る。日常の言葉が欠落したように口がきけなくなっているのに、修法には一向にさしつかえがない。

こんなに晴ればれとした理趣法を修したことがなかった。私の中の無駄なものの一切が流されて、さっぱりとした気持ちで壇上にいる。修法の所作の一つ一つが明瞭になって、目の前が明るく思える。結界《けっかい》の中で、本尊に向かっている私が何か護られているらしい。修法とは、供養法を修するとは、このことだったのかと思う。私の奥の部分で何かが変わった。少なくとも、以前理趣法を修した時とは明らかに変化していると確信できる。

世間では、例えば入学試験なども そうなのだが、知識の積載量で人を評価する。そういったことだけではよくないと思いながら、私はどうかといえば、伝統の庇《ひさし》の下に身を寄せて、この行法に手を出したところが一部にはあった。

しかし、今は違う。私の内部で何かが変化して、例えそうであってもよい、と思う。そんなことは大したことではない。

二時下山。院代さんに閼伽井まで見送ってもらい、最初は迎えの人達にささえられるようにして山路を降りる。しかし担架が必要なのでは、と思っていた迎えの人にとって、私が、意外に元気なのに驚く。山路に慣れない高齢の方より、かえって私の方が軽やかに降りた。

途中、猿の集団に会うが、こちらも集団なので近づかない。

「紅葉谷」でロープウェイを降りて、車に乗りかえて大聖院へ向かう。

三時半ごろ大聖院へ着く。表に吉田大阿闍梨が待っておられた。師僧に出迎えられるとは思っていなかったので驚く。私が階段を上がると

「おめでとう」

待っていたように、師僧の方から先に声をかけられた。客殿に今朝から迎えの人達が

大勢待っているという。私はうれしさに目頭がじっと熱くなって、うなづくだけであった。

大師堂などにお詣りしてから、成満報告するため部屋へ通された。無魔成満でき、有難うございます、と口を開こうとすると、またしても師僧の方から、

「おめでとう」

温かい声色であった。全身が温かいものに包まれてゆく。求聞持法を成満できたのは、戦後二十一人目です、と師僧は語られる。とても丁寧な挨拶をされて、私は恐縮してしまった。師と弟子といった関係ではなく、難行を成満した一人の行者として立てて下さる。

半時間ぐらいお邪魔して暇乞《いとまご》いをした。するとどうだろう、師僧は山門までご夫婦で送って下さる。私には、師僧の立ち振舞いによって拝まれていると感じた。ここに、法を授けた者が、成満したことに対する密教の師の礼を見るのは、私だけではないと思う。

私も深く頭を下げて手を合わせた。

師僧ご夫婦は、姿が見えなくなるまで門前で見送って下さったようだ。階段の下から山門を振り返った時、小さくなった師僧ご夫婦の姿が目に入った。またしても目頭を熱くしてしまい、いっしょに歩いている人達の話が耳に入らなかった。

そのまま迎えの人達にささえられるように宿に入った。五時少し前であった。

話すことが色々あると思うが、言葉がうまく出ない。結局、迎えの人達の話を聞くことになる。

宿について、皆さんが食事をする時、澄《す》まし汁を一杯頂く。美味しい。

七月二十二日（晴）

昨日は早く床についた。夜中、多分一時ごろだったと思う。目が覚めた。習慣というものは恐ろしい。五十日もそうしていると、人間の体はそのようになるものだろうか。目覚めてからは、朝までうとうとしていた。

無魔成満の報告のため朝は早目に宿を出る。

厳島港から船に乗って宮島口へ向かう。途中宮島をふり返ると弥山の原始林が黒く見える。感慨無量。

「あそこへ……」

五十日間よくも参籠して成満できた、と胸が熱くなった。迎えにこられた皆さんと船のデッキからいつまでも、眩《まばゆ》い朝日を背にして雄々とそびえる弥山の全景を見ていた。

大阪へ帰るA氏等と広島から新幹線で大阪へ向かい、大阪から勝尾寺に挨拶に行く。皆さんに温かく迎えられた。千手観音に御法楽をあげ、無魔成満を報告。その足ですぐ京都へ向かう。

この道へ入ったすべての出発点、大覚寺へ。

大覚寺へ着くと、寺務所への挨拶もそこそこに秘鍵大師に無魔成満の報告をする。『般若心経』七巻、ご宝号千遍。有難うございます、無魔成満を果たせました。そう念じた時、何ともいえない温かさに包まれた。大沢の池の方から涼しい風が吹いてくる。私は少し痺れたようになって坐していた。

寺務所の方へ挨拶をして、大覚寺を辞す。

真夏の太陽が輝いている。見上げると何もかも取り払われた誕《う》まれたての空があった。

私は大覚寺山門の前の床屋の戸を開け、私を待っていたようにあいていた椅子に坐った。

髪も髭もぼうぼうの私が鏡の中にいた。

「行をされたのですか」

床屋の主人が聞く。私は、

「ええ、少し」

と答える。謙遜でもなくほんとうに、ほんの少し行をしたと感じている。

床屋から出て、さっきより少し西へ傾きかけている太陽を見て、

「これで……」

第一回目の〈求聞持法〉の行が終ったと、心から思った。

その後

行を終ったその後の譚を記しておきたい。

伯母は一年延命させて頂いた。その間に、伯母は『観音経』に親しんだ。私が勧めたものである。伯母は仏心にふれたと思い、

「『観音経』有難い……………」

色々仏がおられるが、それぞれ救いも異なっている。伯母には阿弥陀如来より観音菩薩がよいというのである。そして内容が、

「こんなにいいお経に会えてうれしい」

といいながら私の手を取った。伯母には観音様でなければならなかった。このことで私が救われたといいえよう。

伯母は安らかに最後の目を閉じた。観音様と縁を結んでである。これが救いでなく

て何であろう。伯母の延命は、伯母にとって後世の安楽を与えた。だからこそ、それを祈った私の救いなのである。諸仏の哀愍したまうところに違いない。

次に夢枕に現われた狭間《はざま》の乳観音に筆を進めようと思う。

参拝に行って、観音様の顔を見た時すぐ判った。内部に虫が入ってかなり喰われてしまっているのだ。

その後、調査の依頼の話がその筋へ通り、今は修理されたばかりか、収蔵庫の改築まで許された。参拝のたびに、観音様が微苦笑を私に向けておられるように思う。伯母のことといい、この観音様のことといい本当に不思議なことだと思う。

もう一つ、この行が終ってから、何かに護られるように新寺建立が叶《かな》い、新寺を含む新霊場誕生に参加できたことも報告しておきたい。この新霊場の誕生も実は大師の霊示があって私が働きかけ、皆さんのご讃同を得たものである。

如意円満《にょいえんまん》。そういう言葉があるが、その通りだと思える。だから、大師の残されたものを忠実に行えば、必ずそうなると私は思う。

行中に真摯に願いを込めたものは必ず成就する、というのが偽らざる感想である。

あとがき

私は、本書で誤解の多い密教について、本当のことを少しでも知ってもらいたいと思った。はたして、思いどおり、少しでも密教の本質に触れられたかどうか、不安である。

だいたい奇瑞などというものは、関心のある関係者にとっては有難いものであったり、意味のあるものかもしれない。しかし、世間一般の人にとっては、かえって胡散臭《うさんくさ》いものである。経験的な日常では理解しがたいものや、不思議なことに対して、自ら経験したといって、それを得意顔で語ることほど愚かなことはない。

関心のない人に事実を語れば語るほど、信用されなくなり、狂信的な話だと思われてしまう。逆に、信じたく思っている人には、救いを求められ、過信され、取り囲まれて身動きがとれなくなる。

だから、私は自らの経験したことを誇大していうつもりもなく、また、たまたま奇瑞の現場に立ち合ったというに過ぎないと思っている。諸仏天の哀愍したまうところで、私にだけ、それを受ける値打ちがあるとは思えない。それどころか、元来が怠け者の私である。頭を使うより体を動かす方が性にあっているのが、今の場合、救いだといえるぐらいだといってよい。

私は日誌の中で、密教への入口として「如実知自心」があると記した。ありのままの自分を知ること、それが密教への入口であると。

だから、この日誌にはありのままの自分を記そうとした。しかし、〈求聞持法〉の行中には、この本のように整理された日誌など書き残せないものである。実をいうと、行が了った時、乱雑なメモの束が残っただけであった。その束のあることを知人に知られるところとなって、記憶の新鮮な内に日誌としてまとめることを勧められた。若干思い出した感想などを加えて、まとめられたのが二年前であった。

その日誌が縁あって、今度、東方出版から刊行されることとなった。行中のメモの中には、数多くの和歌もあったが、本書では割愛した。今年は、弘法大師御入定千百五十年にあたる。これを記念して、私の拙い日誌が日の目を見ることに、胸を熱くしている。そのことは、多くの方の力があってのことで、身にあまるものとして感謝のほかない。

特に、編集の労をとられた板倉敬則氏には一方ならぬお世話になった。拙い私の日誌が一人前の体裁を飾れたのは、すべて氏の助言と努力のお蔭である。そしてまた、氏のご紹介にて、京都の日本画家、兼島聖司氏の仏画や、岡山の飛鷹悟氏の梵字で、拙書を飾ることができた。これら仏縁に、ただ、ただ感謝あるのみである。

この行が成満するためお世話になった方がたも多い。最初よりお心をかけて下さった秋吉征雄氏を始め皆様方に、最後にもう一度、重ねてお礼を申しあげる次第である。

合　掌

昭和五十九年十二月吉日

古梶 英明（こかじ・えいめい）
1938年 大分県に生まれる。
1961年 明治大学卒業。
1979年 大覚寺伝灯学院に入学。
保寿院流伝法灌頂入壇。
1983年 桔梗山三明院を建立。
2017年 遷化。

行者日誌 虚空蔵求聞持法【新装版】

1985年2月21日 初版第1刷発行
2018年3月21日 新装版第1刷発行

著者 古梶英明
発行者 稲川博久
発行所 東方出版（株）
〒543-0062 大阪市天王寺区逢阪2-3-2
TEL06-6779-9571 FAX06-6779-9573
装幀 森本良成
印刷所 亜細亜印刷（株）

落丁・乱丁本はおとりかえいたします。 ISBN978-4-86249-301-9

お守り 般若心経	小河隆宣	五〇〇円
弘法大師 空海百話【新装版】	佐伯泉澄	一、〇〇〇円
弘法大師 空海百話 II	佐伯泉澄	一、〇〇〇円
真言宗在家勤行講義	坂田光全	一、二〇〇円
真言宗常用経典講義	坂田光全	一、二〇〇円
陀羅尼の世界【新装版】	氏家覚勝	二、〇〇〇円
加持力の世界【新装版】	三井英光	一、八〇〇円
密教法具に学ぶ 付・読経の精神と功徳	今井幹雄	二、〇〇〇円
現代語訳 真言秘密行法	八田幸雄	二八、〇〇〇円

＊表示の価格は消費税を含まない本体価格です＊